Anne Huppelsberg

PASTELLMALEREI

Landschaftsstudien

ENGLISCH VERLAG

Die Deutsche Bibliothek – CIP-Einheitsaufnahme
Pastellmalerei : Landschaftsstudien / Anne Huppelsberg. - Wiesbaden:
Englisch, 1995

ISBN 3-8241-0594-2
NE : Huppelsberg, Anne

ISBN 3-8241-0594-2
Fotos: Axel Weber.

Printed in Spain

Inhaltsverzeichnis

Vorwort

Häufig übt eine Landschaft, ihre Charakteristik und typische Erscheinungsform, eine starke und nicht selten auch langwährende Faszination auf uns aus.

In der Natur zu malen oder zu Hause Erinnerungen lebendig werden zu lassen, setzen ein „Naturerleben“ voraus, das dem Betrachter eine intensive Beschäftigung mit der Natur und mit allen äußeren Einflüssen abverlangt. Das bewußte „Erlebnis“ Landschaft steht hierbei im Mittelpunkt, denn eine Landschaft erscheint in ihrer bildnerischen Darstellung stets als eine Verschmelzung von Realität und Wahrnehmung, von äußeren Eindrücken und innerer Reflektion.

In diesem Buch beschäftigen wir uns ausschließlich mit dem Landschaftsbild und mit mancherlei Details und Ausschnitten, die zur Bildgestaltung hinführen. Ich werde in diesem Band sowohl Formen isoliert in die Zeichnung aufnehmen als auch harmonisch in ihrer natürlichen Umgebung einbinden. Wenn ich Sie anhand meiner ausgewählten Studien in die Kunst der Landschaftsmalerei einführen möchte, so betrachten Sie diese Bilder und Übungen bitte lediglich als Anregungen. Die Freiheit zur eigenen Bildkomposition und Farbgebung soll gewahrt bleiben, denn über Technik und Komposition soll der persönliche Stil gefördert werden.

Das Kalenderjahr bietet dem Maler, den Monaten folgend, eine Fülle von Anregungen. Vom ersten Frühlingstag bis in den Winter hinein wechseln Licht und Formen. Die Farben des Himmels über der Landschaft zeigen vom Morgen bis zum Abend eine unendliche Vielfalt. Gestirne, Nebel, Regen und Wolken in immer neuen und andersartigen Formationen geben den Tenor an und breiten ihr Licht über Land, Meer oder Gebirge aus.
Ich wünsche Ihnen, daß Sie mit diesem Buch den Anreiz für viele schöne Stunden des Malens in der Landschaft oder zu Hause bekommen. Und wenn Sie dann zu der Feststellung kommen, vieles in der Natur jetzt bewußter zu erleben und wahrzunehmen, freut sich mit Ihnen

Ihre Anne Huppelsberg

Vorbereitungen

Material und Malgründe

Wenn Sie sich dazu entschlossen haben, in die Techniken und Besonderheiten dieser speziellen Malweise einzudringen, ist es notwendig, geeignetes Material und Malgründe zu kennen und zu verwenden. Da die Pastelltechnik der Zeichnung sehr ähnlich ist und die Grenzen zwischen Mal- und Zeichentechnik fließend sind, werden Sie nicht umhin kommen, außer den reinen Kreiden, sich, falls nicht vorhanden, einige Bleistifte verschiedener Härten, Zeichenkohle und auch einen Rötelstift anzuschaffen, ferner einen guten Zeichenblock. Diese Materialien sind notwendig, um das Zeichnen zu üben, Vorskizzen anzufertigen und zarte Details mit farbigen Stiften auszuarbeiten.
Die Pastellkreiden, die den wesentlichen Bestandteil des Malmaterials ausmachen, gibt es in mancherlei Ausführungen. Da sie nicht auf einer Palette mischbar sind wie bei Öl oder Aquarell, brauchen Sie für den Anfang schon 40 bis 50 Töne. Im Handel gibt es die Farben in Holzkästen einzeln, so daß Sie jederzeit ergänzen können, was in der Farbpalette fehlt. Die in Holz gefaßten Stifte werden in 60 verschiedenen Tönen angeboten, die Kreiden in runder und eckiger Form in 200 bis 300 Abstufungen.

Im Verlauf Ihrer Arbeit werden Sie von selbst die Kreiden von weicher und harter Konsistenz unterscheiden und wählen, welche Arten Ihrer Arbeitsweise am besten entsprechen.

Die Pastellstifte dienen im wesentlichen dazu, farbige Zeichnungen zu machen, zum Beispiel im Freien bei Zeichnungen von Bäumen und bei allen Arbeiten, wo im Detail eine Feinzeichnung erwünscht ist. Alle Kreidearten können Sie mischen, aber nur bedingt. Setzen Sie im Bild korrigierend zu viele Farbtöne übereinander, wirken diese Stellen schnell stumpf und auch schmutzig.

Die Malgründe, die sich für die Pastellmalerei eignen, sind heute so beschaffen, daß eine Untermalung meist nicht notwendig ist, das heißt, Sie arbeiten mit Kreide direkt auf Papier oder rauhen Karton. Es ist auch möglich, Preßplatten zu verwenden, die man vorher mit Latex- oder Dispersionsfarbe vorbereitet. Alle Papiere, die Sie nehmen, sollten eine möglichst rauhe Oberfläche haben, um die Kreiden besser festzuhalten. Es gibt heute etliche Kartons und Spezialpapiere, die sich hervorragend eignen. Ich verwende am liebsten das feste Ingres-Papier. Im Fachhandel bekommen Sie verschieden farbige Bögen einzeln oder Blöcke unterschiedlicher Ausführung, weiß und getönt. Farbig getönte Papiere sind vorzuziehen, zumal am Anfang, wenn die Behandlung des Hintergrunds noch Schwierigkeiten macht. Später, wenn Sie eine gewisse Sicherheit im Handhaben der Kreiden erreicht haben, bieten Velourpapiere als Malgrund weitere Ausdrucksmöglichkeiten. Auch sie gibt es einzeln und in Blöcken, farbig sortiert.

Fixierung

Pastellkreiden sollten haftbar und haltbar gemacht werden. Es ist ja ein Farbstaub, den wir auf das Papier bringen und der ganz leicht verwischt werden kann. Fertige Bilder müssen also vor dem Rahmen fixiert werden. Es gibt ein Spezialfixativ für Pastelle. Bevor Sie nach einer Unterbrechung weiterarbeiten, ist eine Zwischenfixierung möglich. Sie können jederzeit wieder über die dünne Fixierschicht malen.

Anders ist das zum Beispiel bei Kohlearbeiten. Hier können Sie nach einer fertigen Fixierung nicht mehr korrigieren oder überarbeiten.

In etwa 30 bis 40 cm Abstand hält man die Sprühdose und fährt damit leicht von links nach rechts über das Bild.

Vorstudien

Ehe Sie anfangen, sich malend Ihrer vertrauten oder einer fremdartigen Landschaft zu nähern, sie mit künstlerischen Mitteln umzusetzen, möchte ich Sie gerne dazu ermutigen, vor dem Landschaftsstudium Details wahrzunehmen und aus der Fülle der Formen, die die Natur anzubieten hat, für die zeichnerische Umsetzung auszuwählen.

Für die Anfangsstudien eignen sich Rötel, Kohle und Bleistifte. Freilich können Sie auch mit farbigen Kreiden beginnen. Wie Sie wissen, gibt es ja bei der großen Auswahl an Pastell-Kreiden in Holz gefaßte Farbstifte, mit denen Sie in der Farbzeichnung jede Feinheit ausführen können.

Wenn Sie die Zeichnung im Detail beherrschen lernen, werden Sie bald in zunehmender Sicherheit ein Landschaftsbild malen können, ohne über fehlende zeichnerische Fertigkeiten zu stolpern. Eine gute Technik im Umgang mit Ihrem gewählten Material ist Voraussetzung für die künstlerische Gestaltung Ihres Bildes. Wer die Kunst ernst nimmt und sich vom Dilettantismus distanzieren will, wird diese anfänglichen Mühen nicht scheuen und erfahren, daß einzig beharrliches Arbeiten den Weg zur Freude am Malen ebnet. Freilich müssen Vorstellungskraft und Fantasie dazukommen. Das läßt sich nicht lehren und bleibt ganz dem individuellen Vermögen vorbehalten.

Immer wieder erlebe ich, daß Anfänger in der Kunst der Landschaftsmalerei an der Ausführung im Detail scheitern, obwohl sie eine ziemlich genaue Vorstellung ihres zu malenden Bildes haben. Vor allem die Gestaltung des Vordergrundes bereitet Schwierigkeiten, da hier Formen und Farben stärker konturiert werden müssen, wenn Sie Tiefe in Ihr Bild bringen wollen und Landschaftsperspektive berücksichtigen.

Jede Form, die Sie draußen finden und betrachten, lohnt der Gestaltung. Da sind die Bäume unterschiedlichster Physis. Steine, Felsen, Blätter, Blumen und Wurzeln laden dazu ein, abgebildet zu werden, ihrem Geheimnis auf die Spur zu kommen, ihre Vielfalt und Schönheit aufzuspüren. Wer sich diesen Mühen entziehen möchte mit dem Einwand, Gesehenes könne auch unrealistisch, abstrakt dargestellt werden, vergißt oder weiß es nicht, daß die malerischen Wege in die Bereiche der Fantasie und Abstraktion nur über ein gründliches Naturstudium führen können.

Wir haben es bei Landschaften mit der Natur zu tun. Sicher, es gibt Stadtlandschaften. Wie kann ich sie aber malen, wenn ich keine Häuser zeichnen kann und die einfachsten perspektivischen Grundgesetze nicht kenne?

Aus diesem Grund möchte ich Ihnen zunächst in diesem Buch Einzelstudien, Bildausschnitte und Naturformen zeigen, die in den dazugehörigen Hintergrund oder eine schlichte vollständige Landschaft eingelassen sind. Erst im weiteren Verlauf werde ich dann die Landschaft im Wechsel der Jahreszeiten abbilden und erklären. Sie werden anhand der folgenden Baumstudien sehen, daß im Bereich der Pastellmalerei farbige Baumstudien ohne den unmittelbar eingefügten Hintergrund, sei es nun Himmel oder Erdboden, nicht ausreichen, da Sie beim Malen einer Landschaft den Hintergrund mit einbeziehen müssen. Es ist der Pastellmalerei übrigens eigen, daß die Farben des Hintergrundes aus maltechnischen Gründen zuerst gearbeitet werden müssen, ehe die Formen hinein und darüber gemalt werden. Geringfügige Veränderungen im freien Himmelsgewölbe oder im Grund des Bildes sind wohl möglich, doch rings um Bäume mit ihren zahlreichen Verästelungen und Blättern kann die Kreide im nachhinein schlecht eingefügt werden. Haben Sie größere Formate darzustellen, ist es leichter, den Hintergrund Stück für Stück angrenzend dazwischen zu setzen.

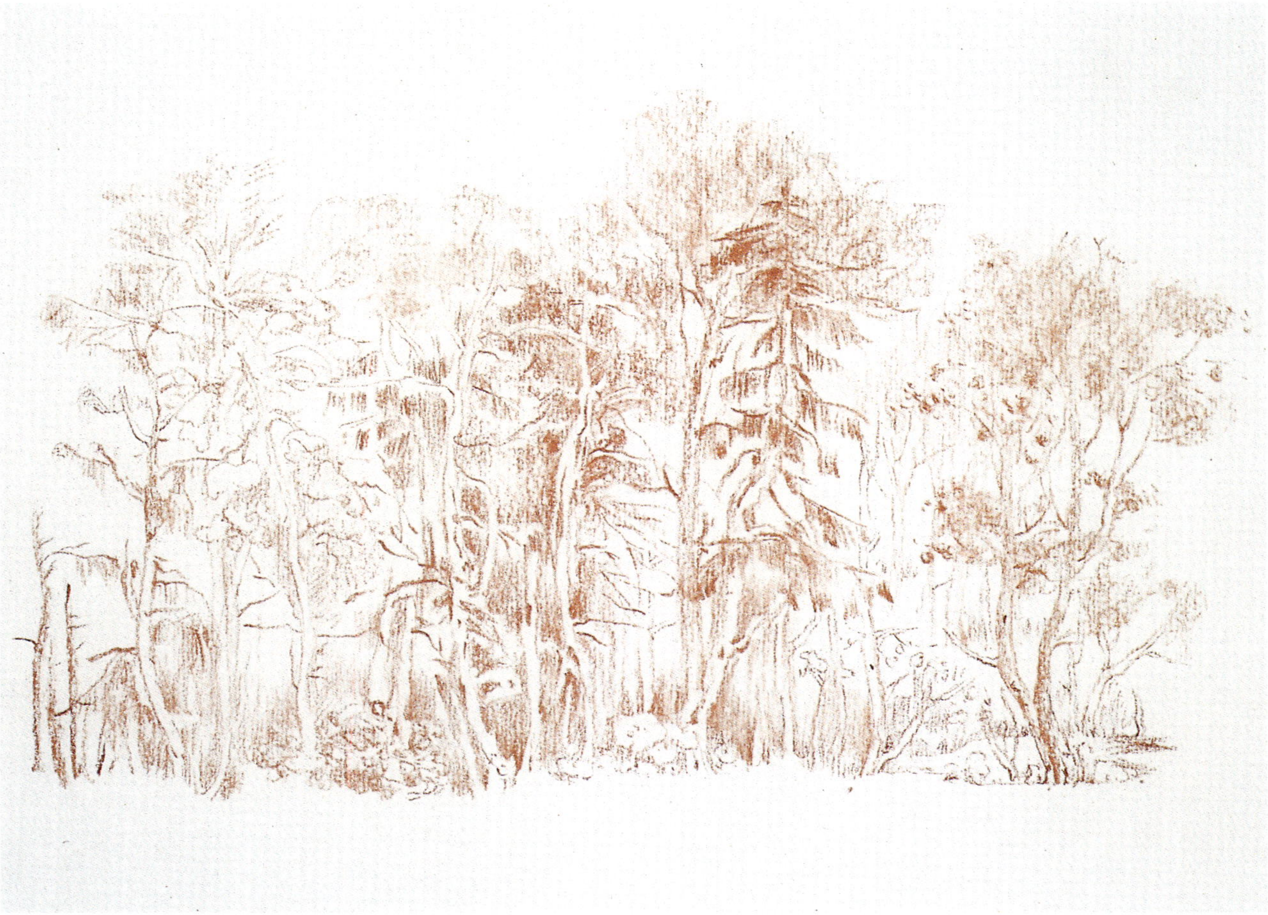

Baumstudien

Ich habe einige markante Bäume und Baumgruppen an den Anfang gesetzt: zum Beispiel die Fichte oder Tanne, die in unseren Breiten ja überall auftaucht und Landschaft deshalb mitbestimmt.

Baumgruppe

Nehmen Sie doch einmal wie bei dieser ersten Übung einen Rötelstift. Suchen Sie sich eine Baumgruppe, in der eine Fichte steht, und fangen Sie mutig an, sie zu zeichnen. Wenn sie Ihnen gelungen ist, fügen Sie in gleicher Arbeitsweise die sie umgebenden Bäume oder Sträucher ein. Achten Sie gleich am Anfang darauf, den schönen Rhythmus im Geflecht von Stämmen und Ästen wahrzunehmen. Es lohnt sich, diese erste Übung oft zu wiederholen – in anderen Formationen und Gruppierungen.

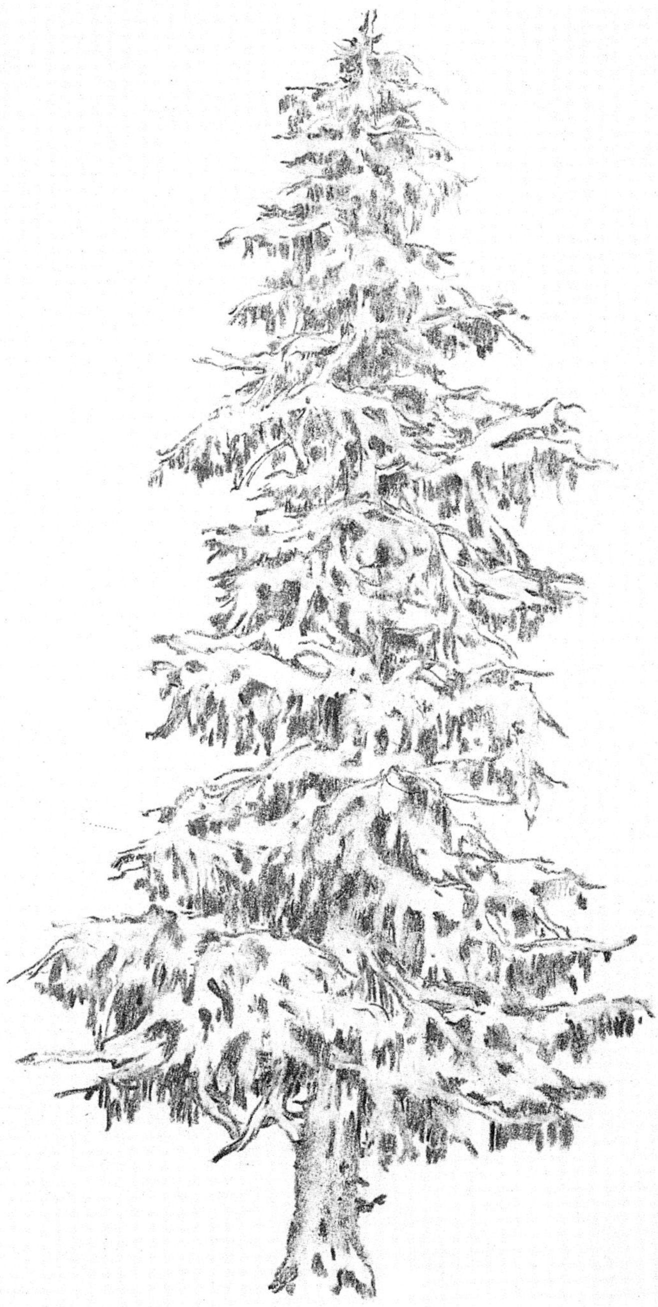

Fichte im Schnee

Die Fichte allein oder als Gruppe, diesmal beschneit, da sie in ihren Konturen durch die vom Schnee beladenen Äste besonders eindrucksvoll ist: Ein Kohlestift eignet sich gut für eine Einzelstudie. Einen Radiergummi können Sie hierbei nicht gebrauchen. Sie werden sehen, daß die schneebedeckten Äste an den Stellen, wo Weiß die Konturen überdeckt oder nachzeichnet, freigelassen werden müssen. Der Kohlestift zeichnet lediglich die dunkelgrünen Stellen und die unteren oder seitlichen Teile von Ästen und Stamm. Da, wo Grün am dunkelsten scheint, setzen Sie die Kohle stärker auf. Achten Sie darauf, die schneebedeckten Zweige rund um den Stamm zu zeichnen, der unter der Schneelast kaum zu sehen ist. Lassen Sie sich nicht entmutigen, wenn der ganze Baum zu Anfang nicht gelingen sollte. Eine gut ausgeführte Zweiggruppe ist besser als eine mangelhafte Darstellung der ganzen Fichte.

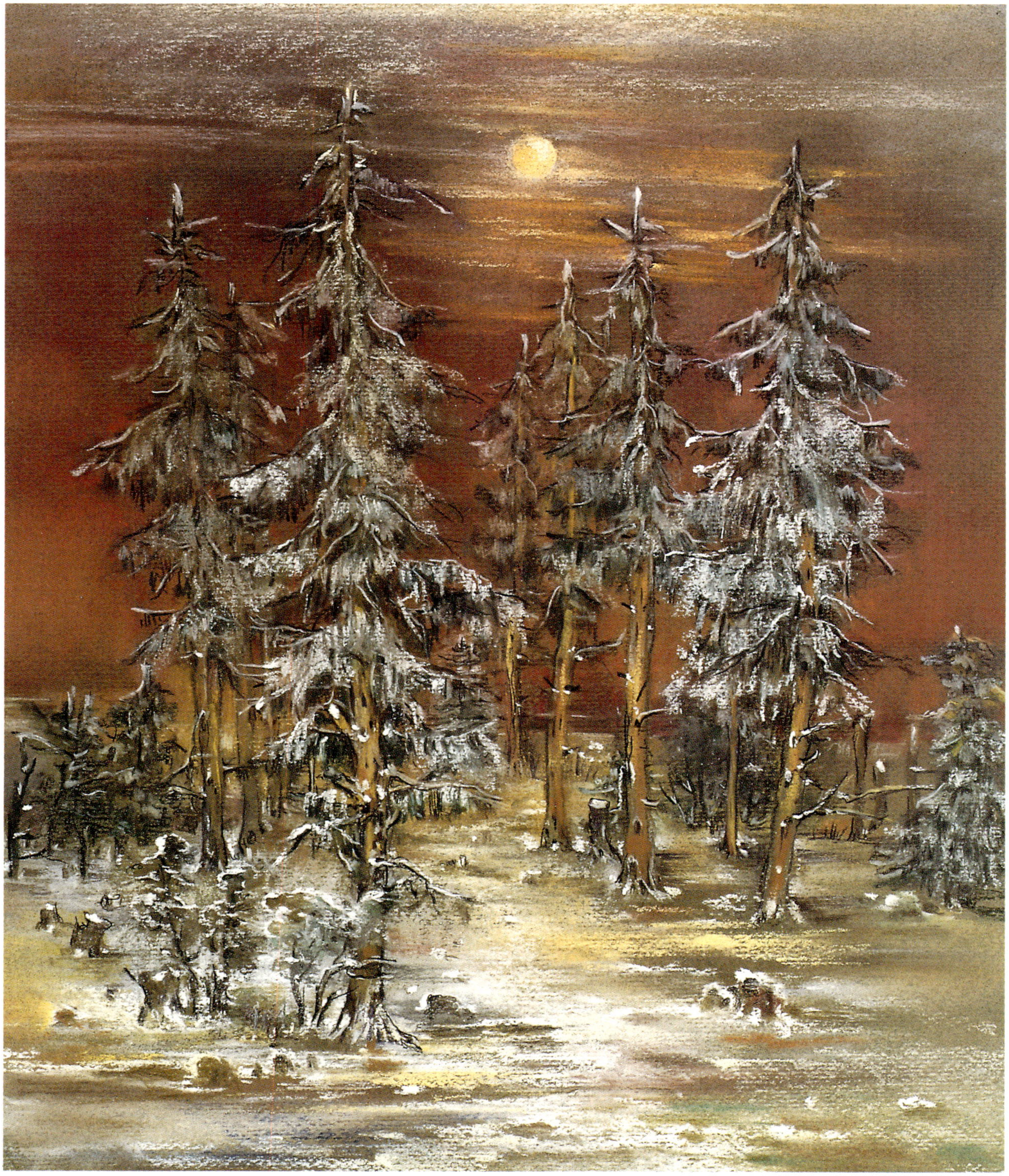

Fichte als Gruppe

In der folgenden Studie versuchen Sie, das Wesen der Fichte als Gruppe mit Pastellkreiden darzustellen. In der Fichtengruppierung einschließlich des Hintergrundes nähern Sie sich bereits einer kleinen Landschaftsdarstellung. Sie probieren erstmals mit Ihren Farben einen Hintergrund. Ich habe einen Abendhimmel gewählt. Die untergehende Sonne, ohne daß sie zu sehen ist, hinterläßt rot-gelbe Farbspiele.

Der Mond, der die Nacht anzeigt, gleitet im obersten Bilddetail ins abendliche Blau-Violett.

Tragen Sie die Farben Ihrer Wahl nicht allzu dick auf, damit Sie, wenn Sie mit den farblichen Abstufungen zufrieden sind, die Bäume mühelos darüber setzen können. Sie stehen auf dem schneebedeckten Vordergrund – einige weichen zurück in die Tiefe des Bildes. Jetzt ist der Arbeitsvorgang ein anderer als bei Kohle. Wenn Ihnen Pastellkreide bereits vertraut ist, werden Sie wissen, daß unterschiedliche Grüntöne nötig sind, um die Äste mit ihren Nadeln zu malen. Das Weiß des Schnees tragen Sie über das vielfältige Grün. Sie müssen bedenken, daß die vorderen Fichten durch stärkeren Farbauftrag deutlich zu zeigen sind.

Die Baumstämme werden nicht einfach schwarz oder dunkelbraun gemalt. Die Farben des Abendlichtes in Ocker- und Gelbtönen bestimmen ihre Rundung. Teilweise werden die unteren Stämme durch abgestorbene Zweige, die Sie seitlich oder vorn dunkel einzeichnen und partiell weiß markieren, bereichert. Die Linie des Horizontes habe ich nur leicht angedeutet, da das Abendlicht die Konturen überspielt.

Der Erdboden, der die Bäume trägt, ist schneebedeckt. Sie haben sicherlich schon beobachten können, daß der weiße Schnee Schattenstellen hat und Farben des Himmels reflektiert. Ich habe vorwiegend im Hintergrund, zu Füßen der Fichten, mancherlei Gelb in die weißen Flächen gesetzt. Das strahlende Schneeweiß im Vordergrund wird nicht nur weiß gemalt, sondern verschiedentlich durch Erdfarben, eventuell auch mit Olivgrün (wo Gras oder Moos durchscheinen könnte) unterbrochen. Steine oder Baumstümpfe tragen Hauben von Schnee, etwas Gestrüpp belebt den Vordergrund.

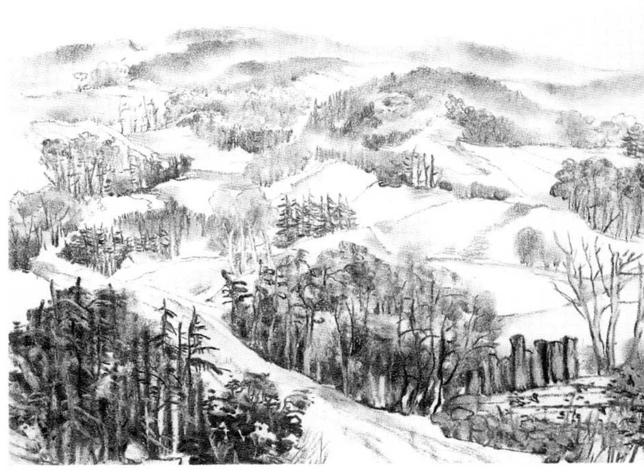

Tannengruppen

Nun möchte ich einen Schritt weitergehen und zeigen, wie Tannengruppen und Fichtenwälder eine Landschaft bestimmen können. Die winterlichen Baumgruppen könnten Sie vom Fenster aus malen. Sanfte Hügel und Bergketten bestimmen die Landschaft, in der ich lebe. Im wesentlichen werden sie den Charakter meiner Bildstudien ausmachen, aber die Gesetze der Landschaftsmalerei lassen sich auf jede Landschaft übertragen.

Mit Kohle ist die erste Studie ausgeführt. Bis in den Vordergrund hinein sind Tannenwälder vorherrschend. Die Bergketten im weit zurückliegenden Bildhintergrund werden durch Waldzeilen markiert. Sie setzen den Kohlestift weich auf, verwischen leicht die unteren Konturen bis hin zum nächsten Hügelansatz, der, je weiter er vorn ins Bild rückt, immer deutlicher und größer gezeichnet wird. Auf die Bildmitte zu, zeichnen Sie Baumstämme und Äste, die bis zum Vordergrund hin klarer werden. Die Kohle wird nun markanter aufgesetzt beziehungsweise ausgespart. Wege und Felder, die diese Landschaft aufteilen und formen und somit Perspektive mitbestimmen, werden freigelassen und nur leicht in ihrem Verlauf gekennzeichnet, etwa durch Buschreihen.

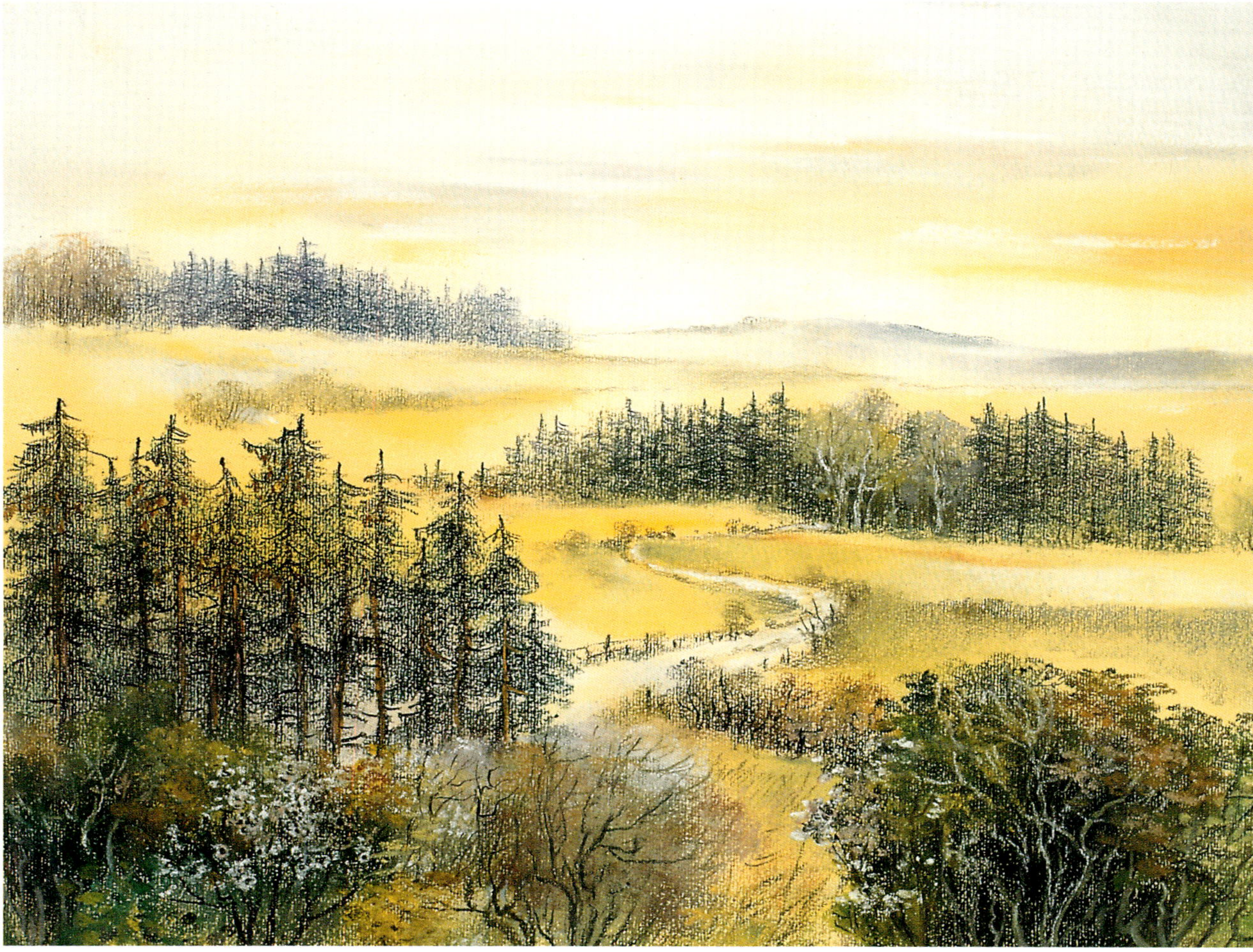

Fichtenwald

Eine schlichte Pastellandschaft soll die nächste Übung sein.
Den kleinen Himmelsausschnitt legen Sie, wie stets, zuerst an. Die letzte Linie als Horizont deute ich mit grau-violettem Stift an, die davor liegende Hügelkette ebenfalls mit ein wenig stärkerer Aufsetzung. Noch genügt ein Hauch von Farbe. Im linken oberen Bildteil taucht die erste Waldkette auf, dann fern, in blau-grauer Tonigkeit mit eben angedeuteten Kontureni am linken Rand der Wald in andersartiger Farbmodellierung – braun und ocker – als leichte Korrespondenz zu den Himmelsstreifen. Feldergruppen, markiert von Buschreihen, führen zur Waldzeile im Mittelteil. Das Himmelslicht ist in seiner Färbung duftig aufgenommen. Die danach zu malende Baumzeile, es sind vorwiegend Tannen, tritt nun schon stärker auf. Hier verwenden Sie allerlei zarte Grüntöne. Mit dem Farbstift oder den harten Kreidekanten zeichnen Sie Äste und Stämme. Um die Eintönigkeit dieser Waldgruppe zu unterbrechen, habe ich im dunkelsten Teil vor die Tannen helle Stämme eingezeichnet – es könnten Birken sein –, deren Laubwerk mit leichter Hand über das Tannengrün getupft wird. Darunter treten nun bereits die Felder deutlicher hervor. Kräftiger setzen Sie die Farben von Wiesen und Feld. Ein Weg schlängelt sich bis hin zum mittleren Wald. Vom Licht beschienen wirkt er hell und wird in seinem Verlauf durch leicht angedeutete Büsche begrenzt, und zum anderen durch Feldzäune, die auf den Vordergrund zu, größer und deutlicher gemalt werden müssen, markiert.
Beachten Sie beim Malen einer Zaunreihe, daß sie nicht steif gesetzt wird, das heißt, die Abstände zwischen den einzelnen Pfählen sind nicht gleich zu malen, ebenso nie deren Höhe, damit der lebendige Rhythmus gewahrt bleibt. Die Fichtengruppe vorne im linken Bildteil malen Sie nun wesentlich deutlicher und größer, weit über die Felder hinausragend. Nachdem Sie in Einzelstudien diese Bäume

geübt haben, wird es Ihnen nicht mehr schwerfallen, sie zu zeichnen. Da Sommer ist, entfällt die Schneemarkierung. Kräftiger als zuvor setzen Sie die grünen Kreiden auf. Wieder malen Sie die Stämme, wie bei den Winterstudien, in lebhaften Erdfarben.
Die Buschgruppen, die letztendlich den Vordergrund ausmachen, sind als eine gute Studie zu betrachten, wie denn in der Farbigkeit von Frühling und Sommer Blattwerk und Blüten zum Schimmern gebracht werden und im hellen Gewebe von Blatt und Blüte die Zeichnung der Äste dunkel markiert wird. Natürlich können Sie bei Ihren ersten Versuchen dieser Art die vorderste Tannenreihe als Abschluß des Vordergrundes malen und den etwas schwierigeren Busch- und Blütenteil aussparen.

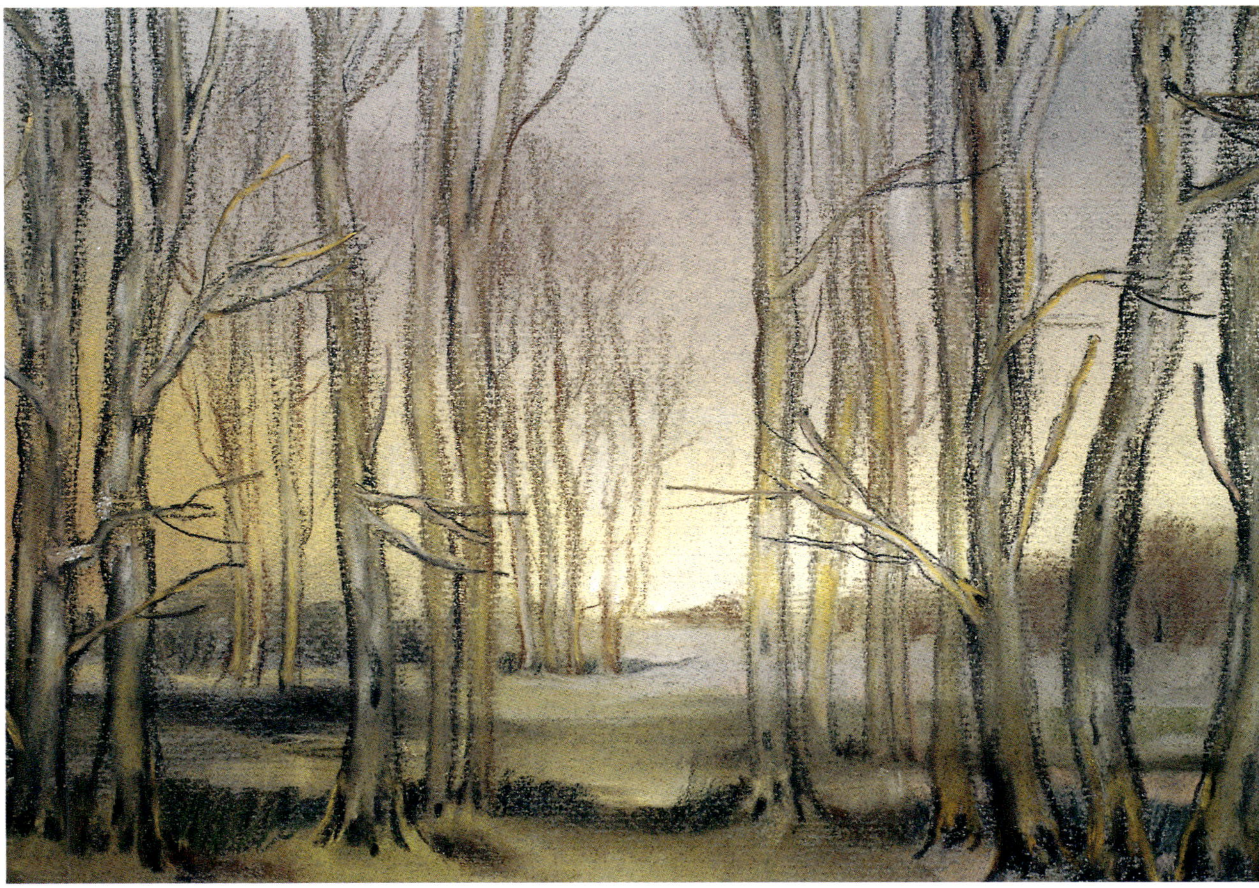

Baumstämme

Bei dieser Studie kommt es mir darauf an, eine größere Bildtiefe aufzuzeigen. Der Himmel ist bis zum Horizont in nahtlosen Übergängen stufig gemalt. Das obere Grau-Blau wird in der Mitte durch Pink- und Rosafarben bereichert, die dann einmünden in Ocker, Gelb und Weiß. Linksseitig habe ich kräftiges Orange hineingerieben, um anzudeuten, wo die Sonne untergegangen ist und damit ihr Schein die hintere Baumreihe beleuchtet.
Busch- und Baumreihen bestimmen den Horizont. Weich und zurückhaltend in Farbe und Zeichnung geben sie Ferne an. Auf einer weiteren Ebene ist schemenhaft eine Baumgruppe zu sehen, deren unbelaubte Kronen wie leichte Schatten den Himmel verdunkeln. Sie erreichen diese Schattierung, indem Sie die Kreiden zart auftragen, ohne sie zu verreiben, so daß die feinen Äste wie ein Schleier die Baumwipfel umspielen. Alle übrigen unbelaubten Bäume, mit leichten Verästelungen, sind vor- und zurücktretend angeordnet. Es ist selbstverständlich, daß die vordersten Bäume am farbkräftigsten gemalt werden. Wenn Sie beim Malen des Hintergrundes sparsam im Auftrag von Kreiden vorgegangen sind, ist es gut möglich, für Stamm und Äste die Kreidestifte zu nehmen. Feinheiten lassen sich auf diese Weise besser herausarbeiten.

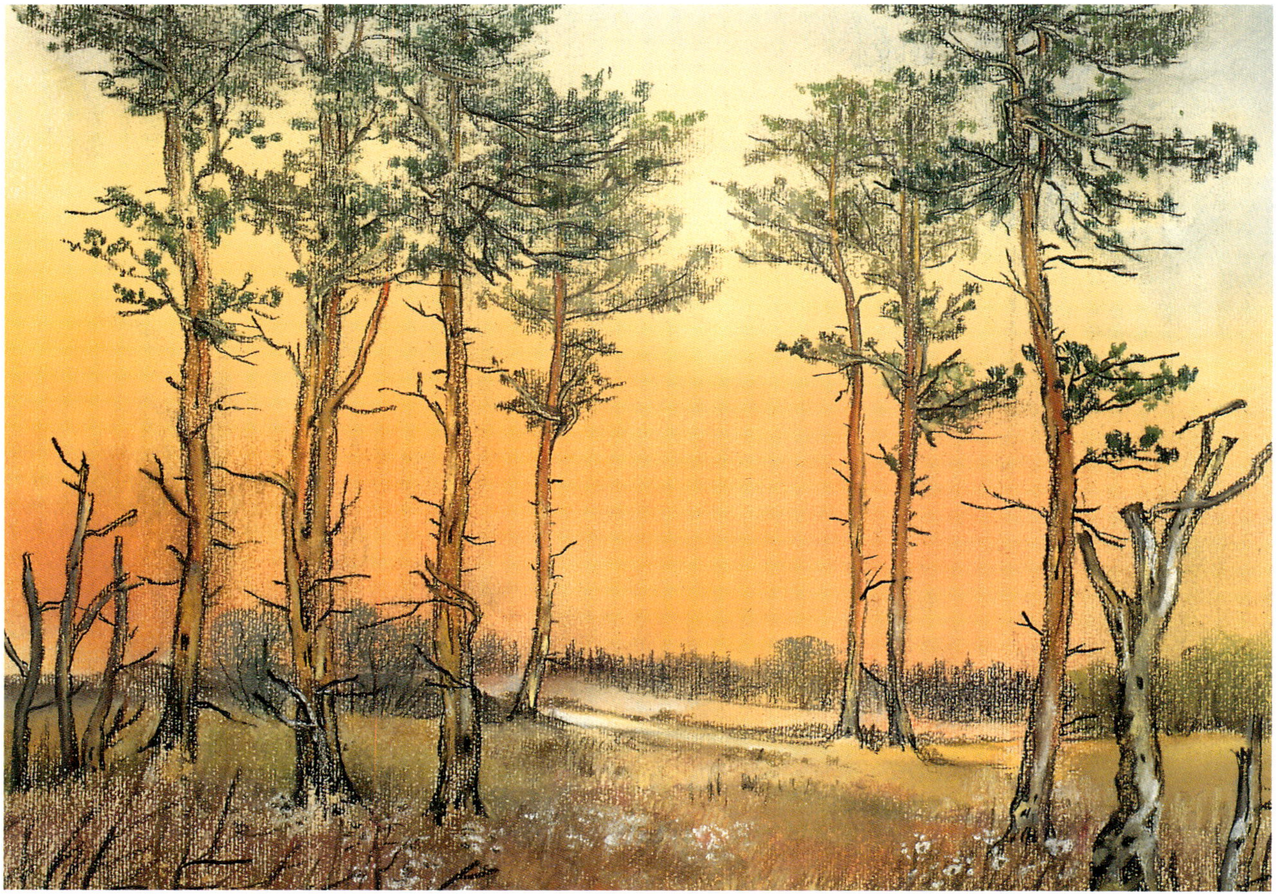

Kieferlandschaft I

Zum Thema Baumstudien darf die Kiefer nicht fehlen. Als Nadelbaum überaus eindrucksvoll, beherrscht sie oftmals das Flachland. Einzeln, in Gruppen oder als Wald, formen sie diese ebene Landschaft.
Beim Wandern durch Kiefernwälder oder entlang ihrer Ränder wünsche ich mir oft, einen Skizzenblock bei mir zu haben. Das läßt sich nachholen. In zwei Pastellen habe ich versucht, die Kiefer in ihrem Umfeld zu erfassen. Einmal ist es der rotgelbe Abendschein, der die Stämme zu vergolden scheint, ein andermal das Verschmelzen der dunkelgrünen Kronen mit dem tiefen Blau des Himmels. Die erste Studie ist einfacher zu malen als die zweite, weil die Bäume hier noch relativ isoliert stehen. Wieder wird der Himmel zuerst gemalt. Der rot-gelbe Schein reicht bis an den Horizont. Es genügt mir, ihn durch eine ferne Baumzeile zu markieren. Wenn Sie sich vor Beginn eines solchen oder ähnlichen Bildes einige Farbskizzen von Kiefern gemacht haben, können Sie diesen eindrucksvollen Baum in Ihren Himmel hineinmalen, am besten versetzt auf verschiedene Ebenen. Die zurücktretenden Bäume sehen Sie schmaler als die vorderen. Die Baumkronen sind ganz zu sehen. Anders als bei den Tannen und Fichten breiten sie sich nach oben hin aus. Dunkle Äste tragen Büschel von Nadelkissen, die rund um den oberen Stamm gruppiert sind. Der Wind hat die Stämme ein wenig verbogen, dürre Äste umspielen sie. Wenn Sie sich – malend – mit diesen Nadelkronen beschäftigen, werden Sie sehr viele Grüntöne sowie violette und dunkelblaue Kreiden benötigen, um die runde Räumlichkeit im wechselnden Lichteinfall ausdrücken zu können. In diesem Bild sind die Bäume so versetzt und geordnet, daß in der Ebene, wo sie stehen, wenig Bewegung und Markierung nötig wird. Die Andeutung eines hellen Sandweges in der Bildmitte, ein paar Büsche links sowie Gräser und Blumen im Vordergrund lenken den Blick von den Kiefern nicht ab. Einige abgestorbene Bäume links hinten und rechts im Vordergrund runden das Bild ab.

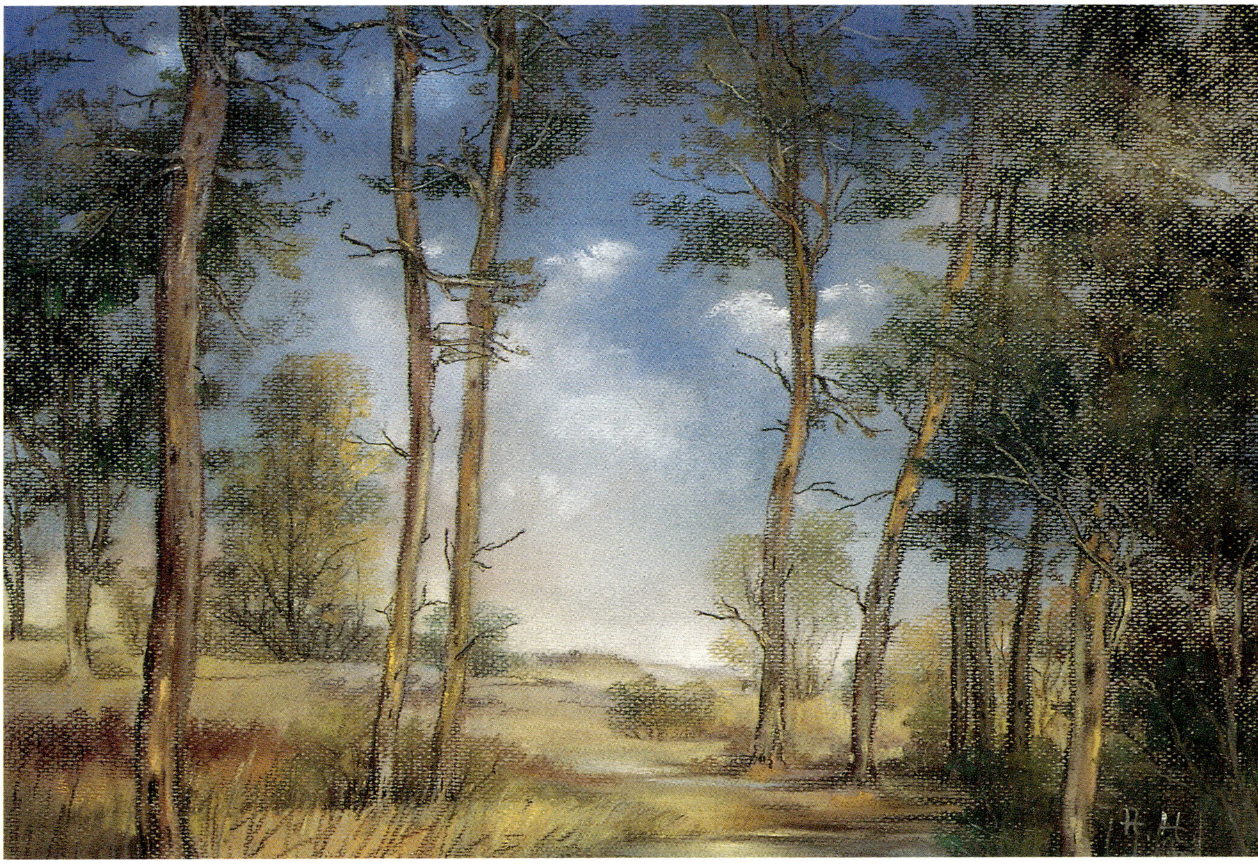

Kieferlandschaft II

Die zweite Kiefernlandschaft ist wesentlich komplizierter im Aufbau. Allein der Himmel! Um ihn zu malen, werden Vorstudien nötig sein. Nehmen Sie die ins tiefe Blau aufsteigenden weißen Wolken als Einzelstudien vorweg. Ich habe von oben nach unten blaue Kreide in Abstufungen bis zu ihrem hellsten Ton verwendet.
In die Helligkeiten über dem Horizont, den ich vorher in etwa bestimme, habe ich zartes Gelb und Rosa gemischt und das Wolkige, auf den Bildrand zustrebend, mit hellgrauer und weißer Kreide derart gestaltet, daß es nach oben gleitend entschiedene Formen annimmt. Das Weiß wird kräftiger aufgetragen, die obersten Wolkenränder betont, so daß sie ins Blau des Himmels zu schweben scheinen. Die Sonne, die im Bild nicht zu sehen ist, strahlt sie an. Weil ich oben links unterhalb der Baumkronen, die nicht mehr zu sehen sind, das tiefe Blau noch einmal auflockern wollte, habe ich weißen Schein aufleuchten lassen. Wenn Sie Wolkenspiele dieser Art oder in anderer Weise malen möchten, empfehle ich Ihnen immer wieder, zahlreiche Farbstudien vorwegzunehmen. Allzuleicht verdirbt man sein Bild, wenn man verunsichert herumprobiert.
Nun wieder zu unserem Kiefernwald. Hier ist die Gruppierung das Wesentliche, da sich die Bäume nicht mehr so einzeln präsentieren, wie bei der ersten Farbstudie. Der Waldgrund bis zur ländlichen Weite ist reicher gestaffelt. Baumgruppen anderer Art erscheinen undeutlich weit hinter der rechten Kieferngruppe, links, schon besser hervorgehoben, ein einzelner Baum, von Büschen umgeben. Beide Seiten male ich nach der leichten Wellenbewegung des Horizontes zuerst, um danach die Kiefern, auf verschiedenen Ebenen stehend, anzuzeichnen. Im rechten Bildteil ist das mannigfache Grün ganz dicht. Es umspielt die Stämme. Dies ist wohl der am schwierigsten zu malende Abschnitt, weil hier so vieles an Grün ineinander webt, Lichtstellen aufscheinen, Zweige hindurchschimmern, daß ich mich schon ganz intensiv in diese Dichte hineinlassen muß, um den Eindruck malend nachzuvollziehen. Die Kiefernstämme sind auch hier von Licht getränkt, das unten rechts die Grasbüschel aufleuchten läßt, während das Untergestrüpp linksseitig im Schatten bleibt.

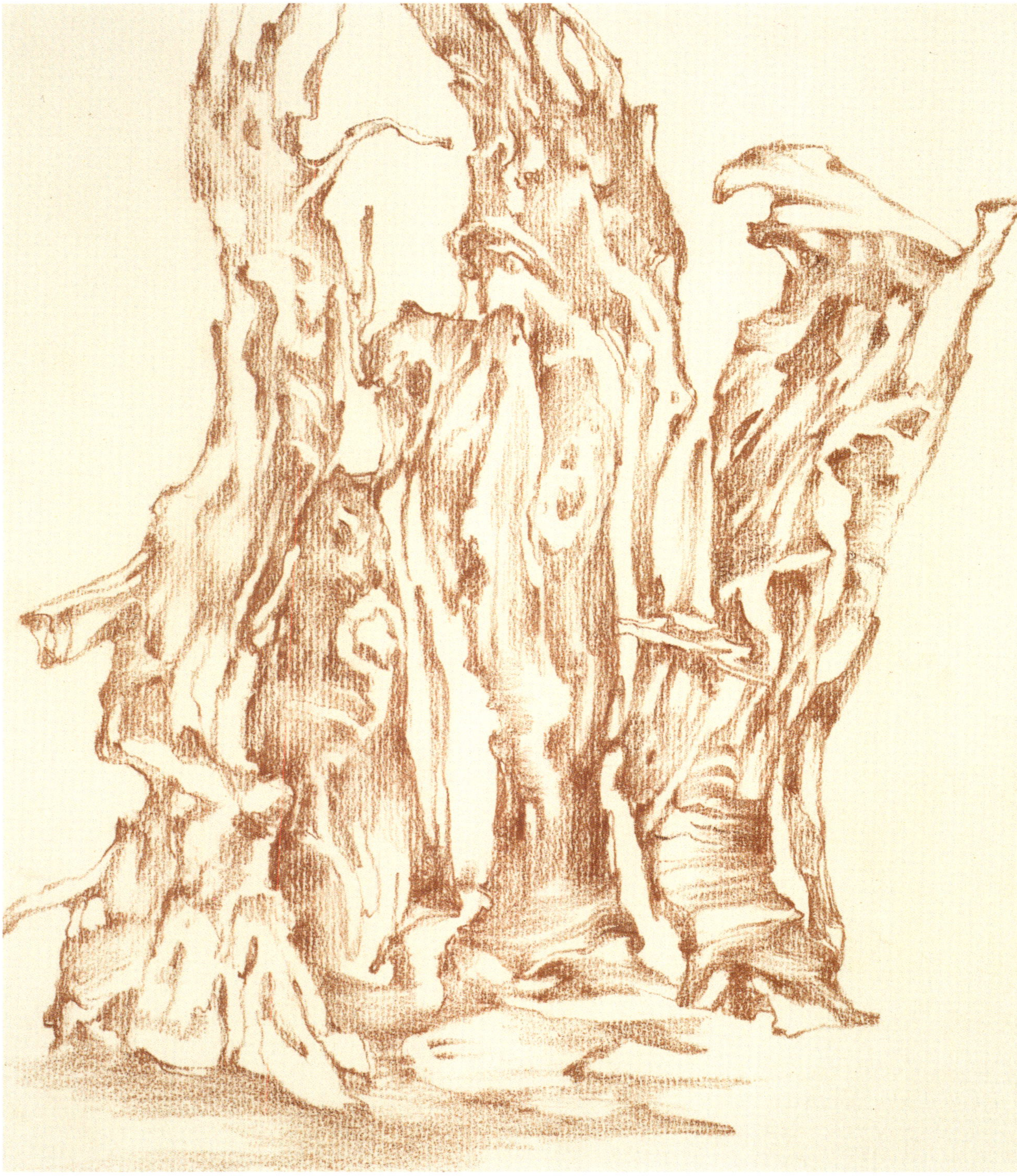

Weidenstämme

Ein lohnendes Objekt für den Maler ist die Kopfweide. In Wiesengründen, an Bächen, sind diese rissigen und zerklüfteten Weidenstämme zu finden. Die zerbröckelnden Baumreste ehemaliger Weiden sehen Sie in der abgebildeten Rötelstudie. Schutz und Halt suchend, scheinen die Stämme sich aneinander zu klammern. Sie brauchen etwas Zeit und Ruhe, um mit dem feinen Rötelstift die aufgespaltenen Rinden und Holzelemente zu zeichnen, bis solch ein bildhaftes Gefüge entsteht.

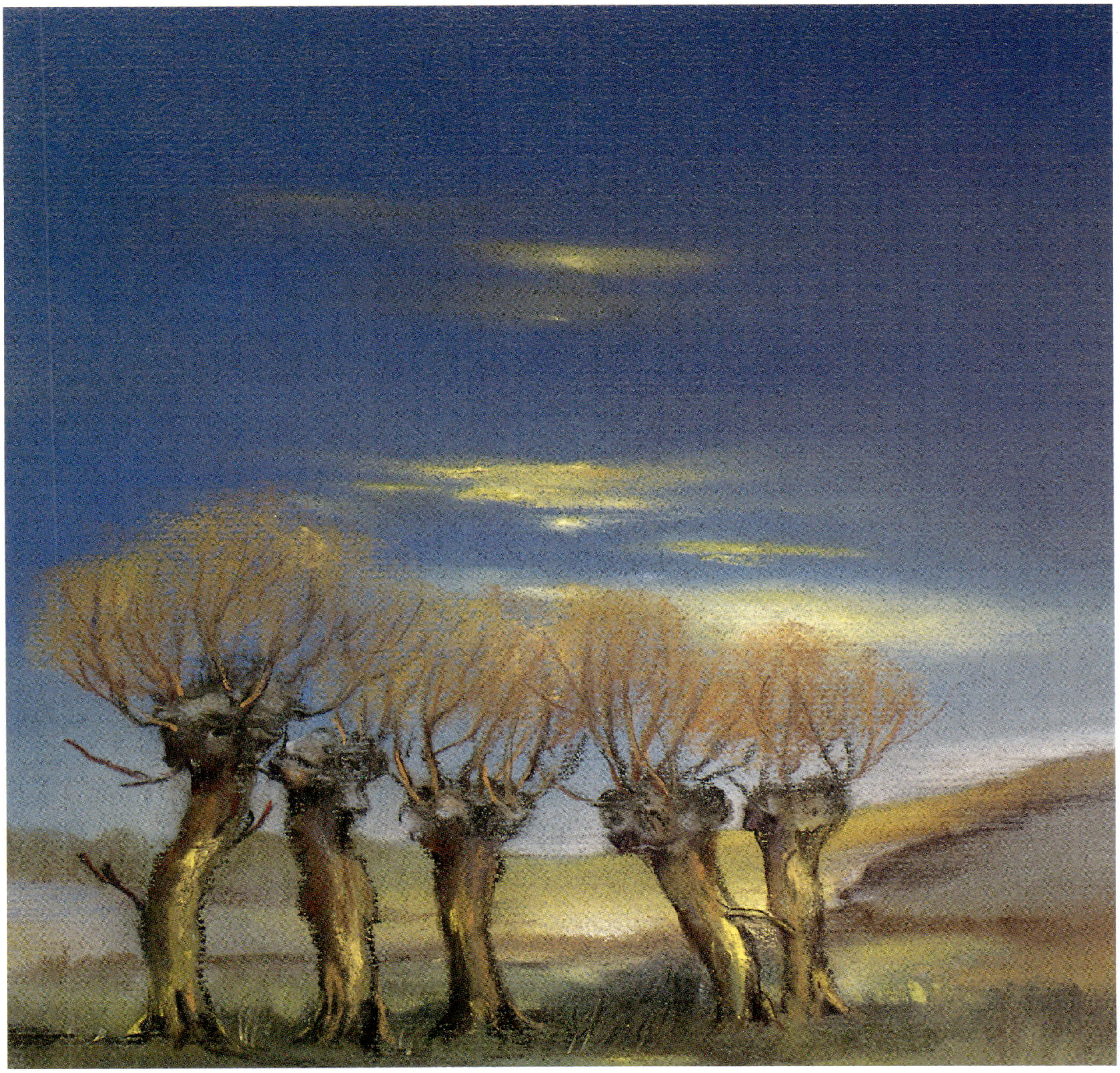

Kopfweiden

Die Kopfweide als Ganzes soll Tenor der folgenden Studie sein. Hier stehen die Weidenstämme dominierend auf grünem Weidengrund vor tiefblauem Himmel, in den ich nur sparsam Lichtstellen mit gelber und weißer Kreide setze. Das Blau des Himmels wird heller auf den Horizont zu, um Weite zu erreichen.

Sparsame Andeutungen einer Hügellandschaft formen den Hintergrund. Die fünf Weidenstämme fangen das Licht ein, es belebt die farbigen Rinden.

Aus den gekappten Weidenköpfen ragen nach oben schwingend die dunklen Äste, die oftmals in den feinen Verzweigungen eine ockerfarbene Färbung annehmen, welche das schräg einfallende Sonnenlicht zum Leuchten bringen kann. Stehen die Weiden unmittelbar vor Ihnen, zeichnen Sie mit den Kreidestiften die Bewegungen der Äste. Befinden sich die Weiden in einiger Entfernung, legen Sie sie ganz behutsam flaumartig mit längs aufgesetzten Kreiden auf und bilden die gesamte Form nach. Im Herbst und Vorfrühling leuchtet das Blattgefieder in den Sonnenfarben, während im Sommer die feinen Blätter wie ein grau-grüner Schleier wirken.

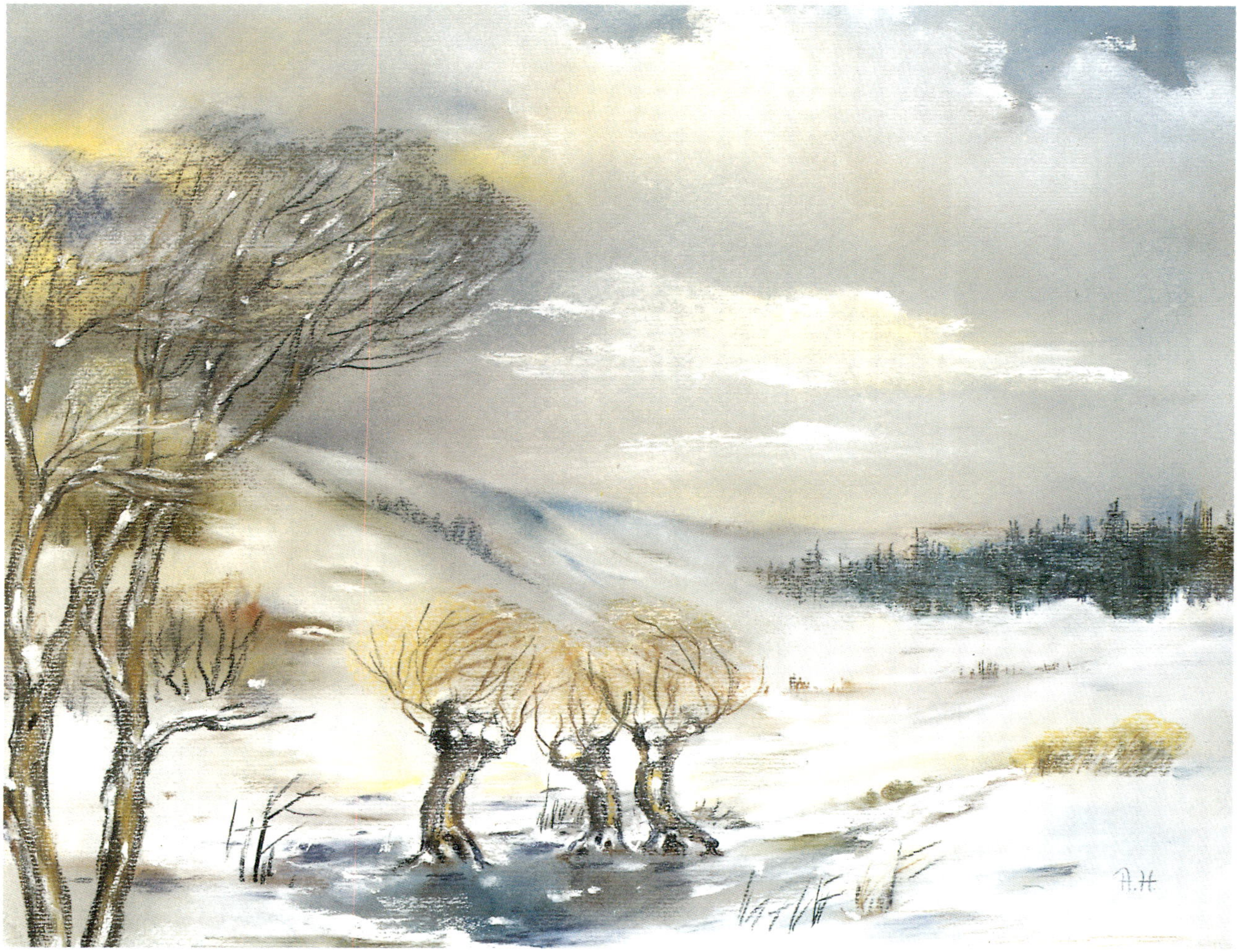

Winterstudien

Winterstudie I

Die nächste Studie widmet sich noch einmal den Weiden, diesmal im Winter. Eingebettet in eine vom Sturm verwehte Schneelandschaft, neigen sie sich schutzsuchend am kleinen Weiher einander zu. Ich habe die bleiernen Wolken mit Grau, Violett und fahlem Gelb verdichtet. Weißliche Wolkenfetzen ziehen hindurch und türmen sich auf, einen neuen Sturm verheißend. Von den Hügeln im linken, mittleren Bildteil hat der Wind den Schnee in die Tiefen geweht. Auf diese Weise wird der Eindruck des Wehens verstärkt. In schweigender Ruhe hocken die Tannen rechts unterm Horizont, leicht vom Schnee bestäubt. Die Hügelkonturen wiederholen die Bleifarben des Himmels. Ich habe die Windbewegung auch im Tal – schwächer werdend – beibehalten. Hier nehmen die sporadisch aus dem Schnee ragenden Büsche und Gräser den Farbton der linken Wolkengruppe auf, vor der sich die dunklen Kronen der beiden links vorn plazierten Bäume im Sturm zu wiegen scheinen. Auf den Weidenköpfen hat sich in den Nischen Schnee angesammelt. Er hat auch die Stämme bestäubt. Im kleinen Teich spiegelt sich die graublaue Himmelsfarbe des oberen rechten Bildausschnittes. Der weiße Schneeauftrag sollte im Vordergrund kräftiger sein, er nistet auch zwischen den Weidenwurzeln. Um die Schneefelder nicht eintönig erstarren zu lassen, habe ich Farbreflexe und ein paar starre Gräser in den Schnee gesetzt. Die beiden weit in den Himmel hineinragenden Bäume signalisieren mit ihren verwehten und geneigten Kronen am deutlichsten den Sturm.

Grundsätzlich gilt, daß Sie Wind malend nur in der Bewegung der Objekte darstellen können.

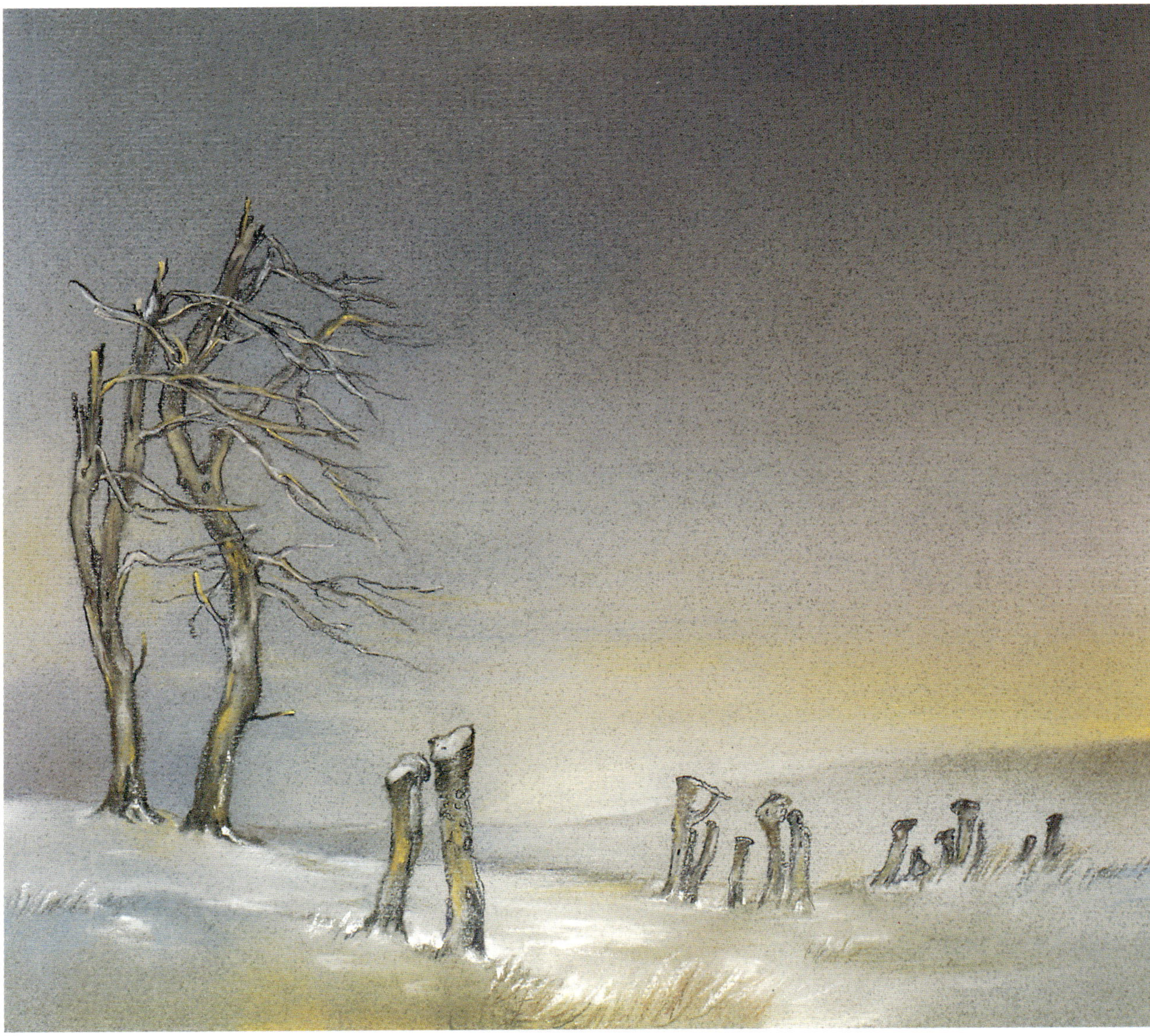

Winterstudie II

In der nächsten Studie hat der Sturm im Laufe des Winters seine Spuren hinterlassen. Baumstümpfe und vom Sturm gezackte Äste unterstreichen die Trostlosigkeit eines dumpfen Abendhimmels, der nur gen Horizont mit den weißen Spuren des Schnees korrespondiert. Wenig Gelb erinnert an eine verschwundene Sonne. Sparsam eingesetzte Hügelflächen, in den Farben des Himmels gemalt, verheißen Einsamkeit. Zweige und die wenigen Gräser im Vordergrund beugen sich dem Wind. Selbst im Grau-Blau der vorderen Schneeflächen ist das Lichte zurückgenommen. Nichts lenkt in diesem Bild von der dumpfen Schwere eines Winterabends ab.

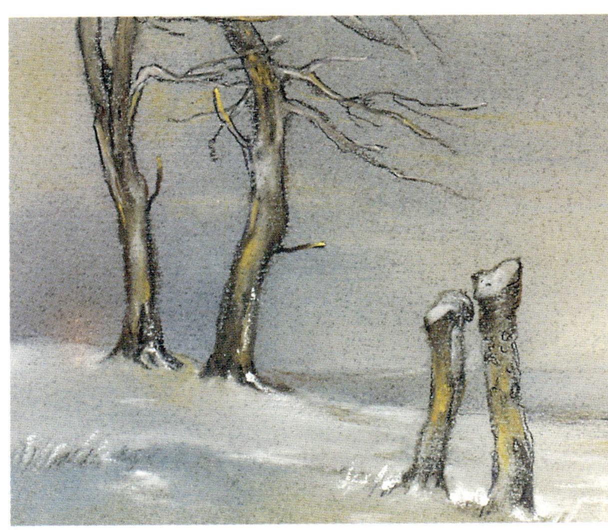

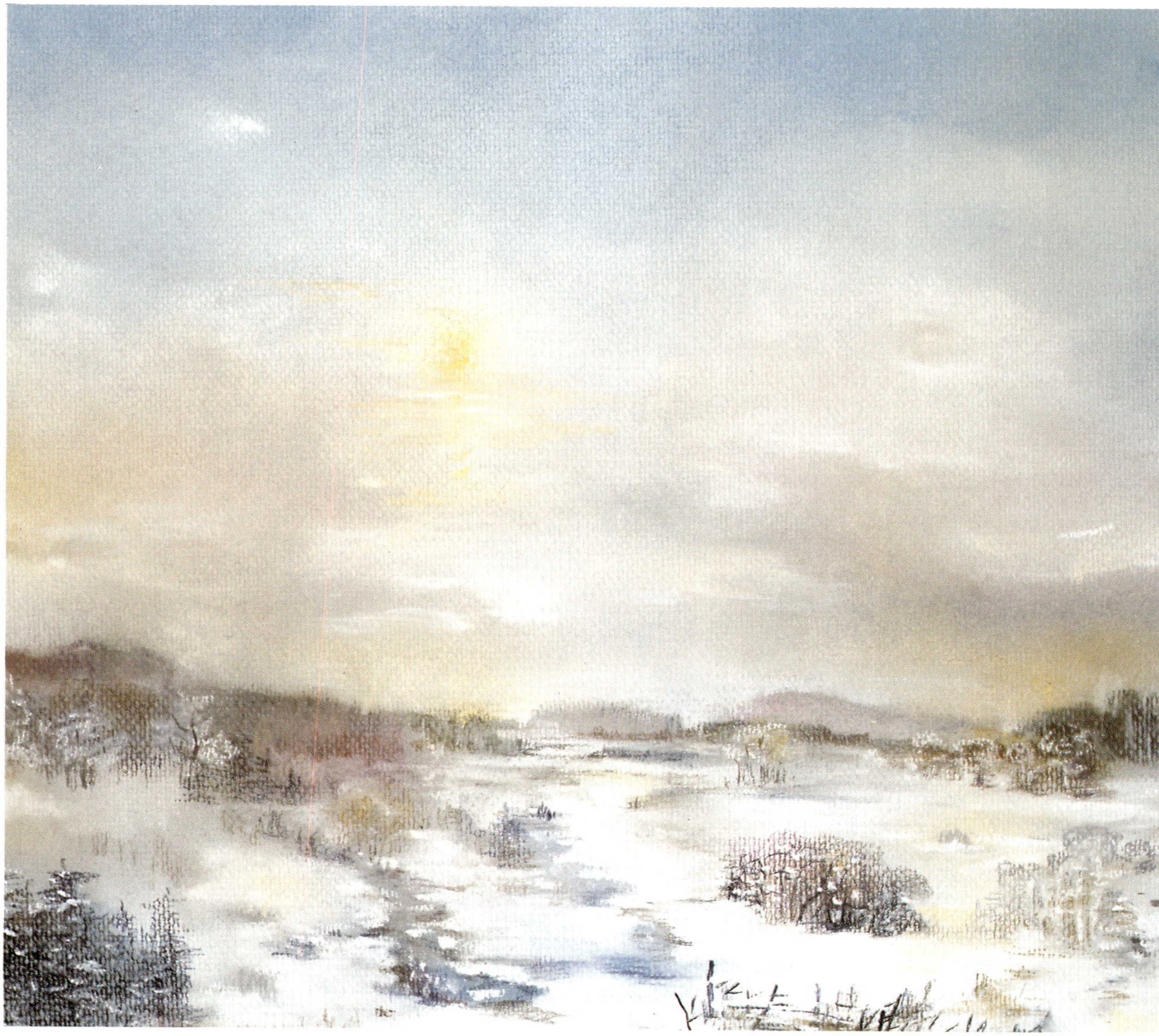

Wintermorgen

Der Sturm hat sich über Nacht gelegt. Eine fahle Sonne durchbricht die Wolken. Nun erscheint es reizvoll, die stille Schneeweite zu malen, die der Morgen vor dem Fenster ausbreitet. Noch zieht über dem Horizont unter der aufsteigenden Sonne dunkles Gewölk dahin. Das gelbliche Licht habe ich im Umfeld des kaum konturierten Gestirns mit etwas weißer Kreide versehen. Die helle Kreide wird vorsichtig hineingerieben und weiße Streifen werden gezogen, die sich über den Wolken sammeln und ein wenig Licht abgeben in die Einschnitte zwischen fernem Wald und Bergkette. Diese letzte Landschaftskette halte ich noch in den Wolkenfarben, während jede Hügel- und Waldzeile etwas kräftiger in den Farben des Winters modelliert wird. Schneebedeckte Bäume und Büsche – in kleinen Farbnuancen wechselnd – ziehen sich hin bis zum niedrigen Tannenbestand links und den froststeifen Gräsern. Die Schneeflächen werden sowohl farblich wie auch formal immer wieder unterbrochen. Weite erreichen Sie durch fein gezeichnete Unterbrechungen in Horizontnähe. Wasserläufe durcheilen die vordere Ebene und spiegeln das Licht wieder. Die dunstige Sonne färbt den Schnee hie und da. Keine lauten Farben stören die morgendliche stille Weite. Es ist nicht allzuschwer, Schneelandschaften zu malen, weil Sie mit weißer Kreide alle Formen modellieren und nachbilden können.

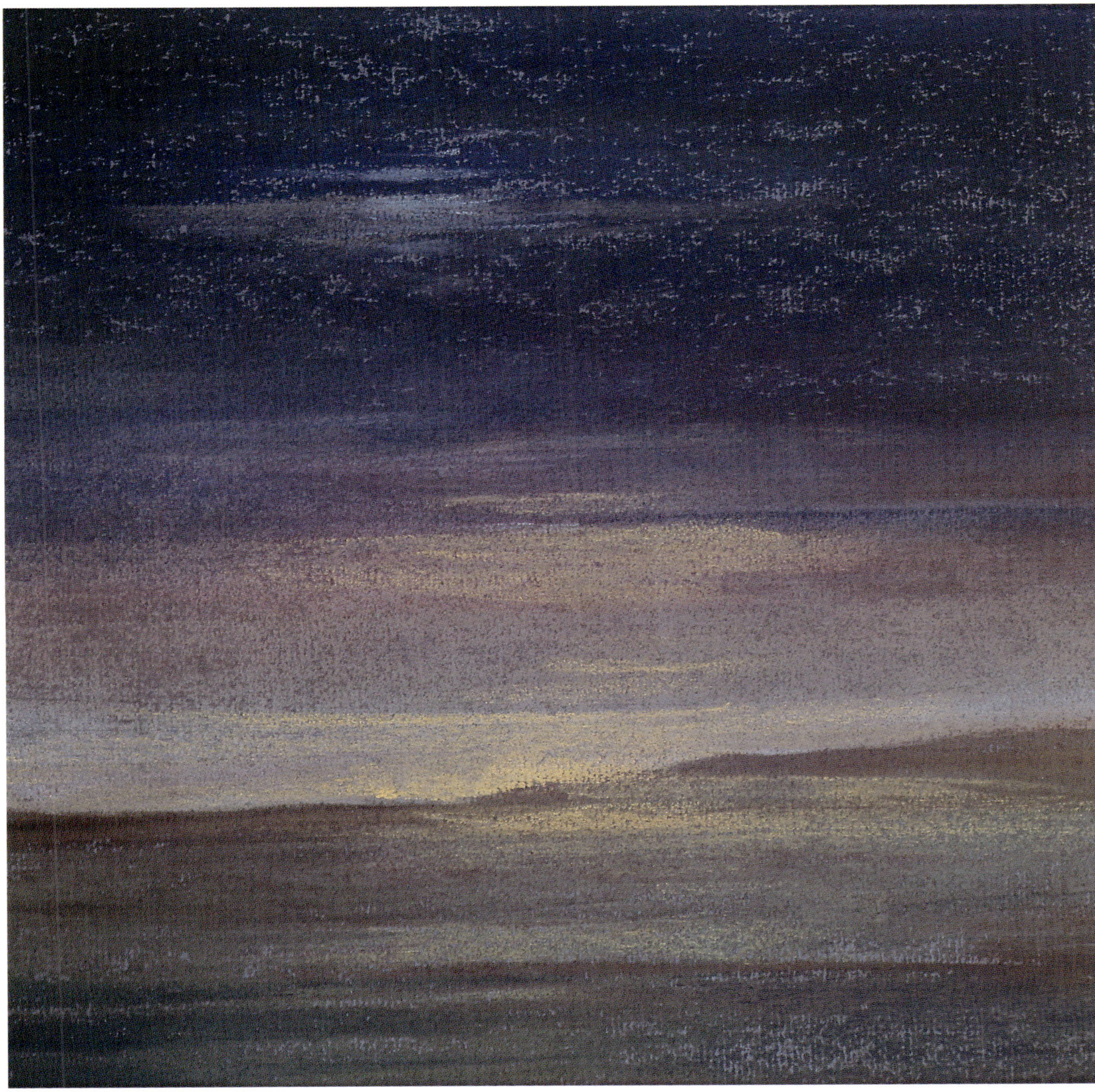

Nachtstudien

Nachtstudie I

Als Zwischenübung möchte ich zwei kleine Farbstudien einfügen, die sich mit der über dem Land hereinbrechenden Nacht befassen. Versuchen Sie ein einfaches Farbfeld aufzubauen. Nehmen Sie die Längsseiten der dicken Pastellkreiden und tragen Sie die dunklen Farben Ihrer Wahl horizontal von oben beginnend über die Bildfläche auf. Wenn Sie sich den Erdfarben nähern, hellen Sie die Streifung auf, so daß der Schimmer des schwindenden Abendlichtes verweilt und noch ein wenig Licht auf das sich dunkel ausbreitende Land abgibt; auch hier arbeiten Sie in der Technik des streifigen, körnigen Auftrags der Farben.

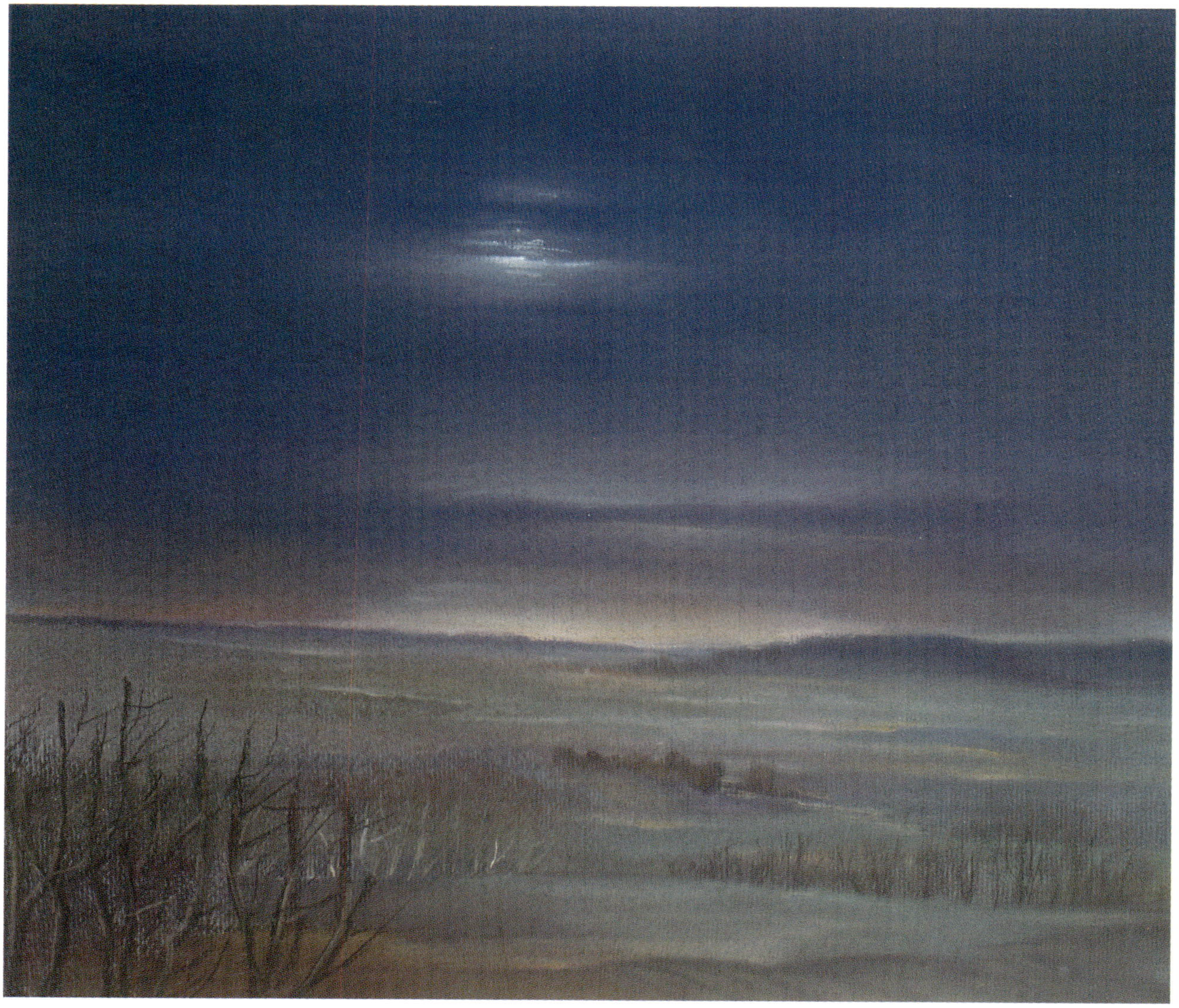

Nachtstudie II

Bei der zweiten Nachtstudie bleiben Sie bei den gewählten Farbnuancen. Diesmal verreiben Sie die Kreiden, die das Firmament beschreiben, in gleitenden Stufen. Setzen Sie die Lichter über den Hügelketten, die den dunkelblauen Himmelsfarben antworten, sparsam. In die Tonigkeit des Grüns von Wiesen und Feldern habe ich blaue Schimmer gearbeitet. In der Bildmitte antworten sparsam aufgetragene Streifen auf Mondschimmer und Abendlicht.
Baum-Buschreihen und im linken Vordergrund etwas Gestrüpp unterbrechen formgebend die wellige Horizontale. Alle Farben sind zurückgenommen, so daß nichts die stille Harmonie von Himmel und Erde stört.

Studien am Meer

Felsen und Steine

Wenn Sie am Meer zu Hause sind oder in Ihren Ferien an der See Eindrücke malend vertiefen wollen, lohnen sich ein paar Vorstudien. Da gibt es Steine, Felsgruppen, das bewegte Wasser, Boote, Schiffe und anderes mehr. Bei meinem Aufenthalt an einer Meeresbucht in Wales habe ich einige Studien gemacht. Zunächst hatten es mir die Strukturen der Felsen und Steine angetan. Mit Rötel habe ich einen Teil dieser Steinelemente festgehalten, das Meer und den Strand einbezogen.

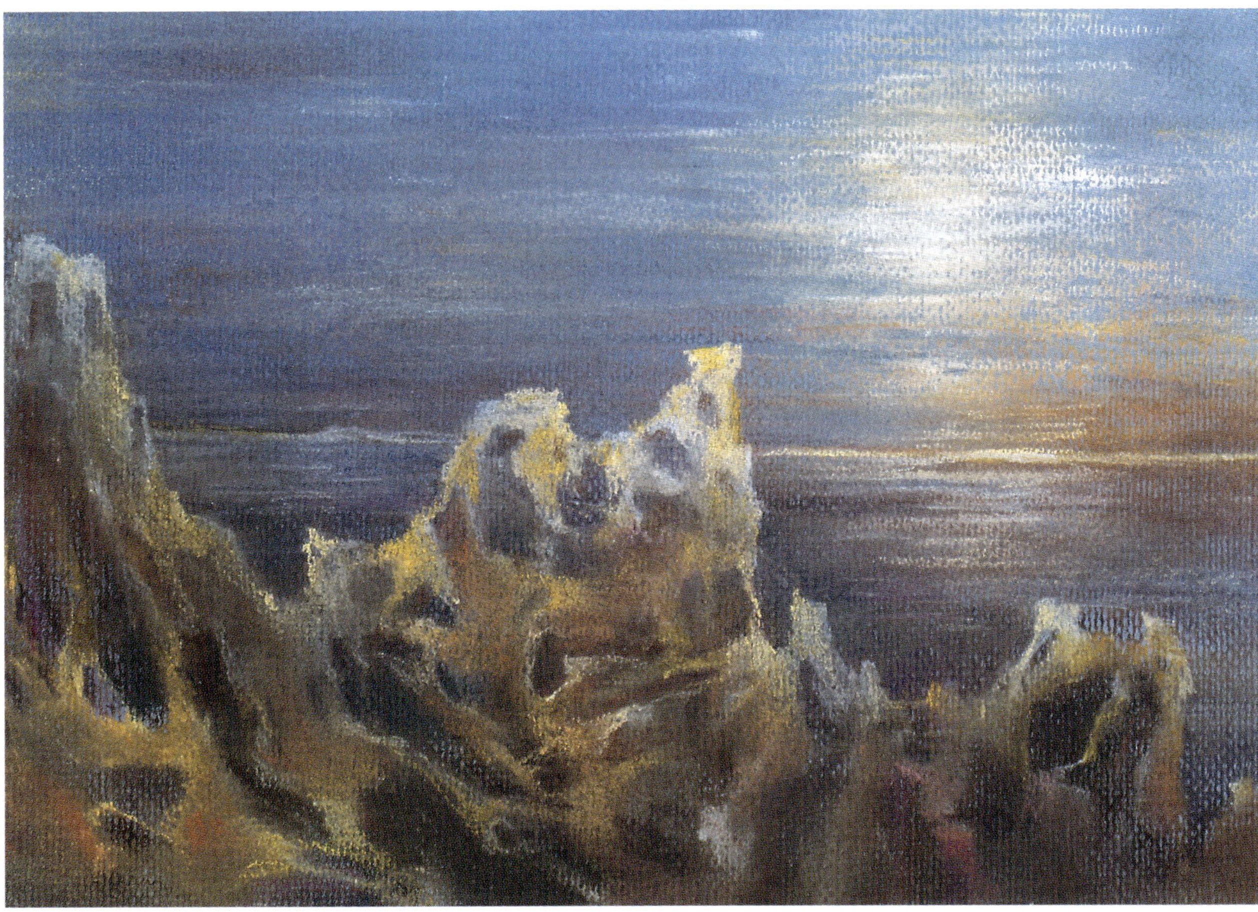

Felsen am Meer

Die dem Meer vorgelagerten Felsen als Farbstudie waren insofern reizvoll, weil das Licht vom Himmel und Wasser die Steine aufleuchten ließ. Die Himmelsfarben korrespondieren mit denen des Wassers. Sonnenlicht wiederholt sich stetig in den Wellen und krönt sie glitzernd. Die Horizontlinie ist immer als eine vollkommene Gerade zu sehen, selbst bei einem See, der im Prinzip rund ist, erscheint dem Auge die hinterste Begrenzungslinie immer als eine gerade Linie. Hinter den Felsen dunkelt das Meer, violette Streifen vertiefen das Blau.

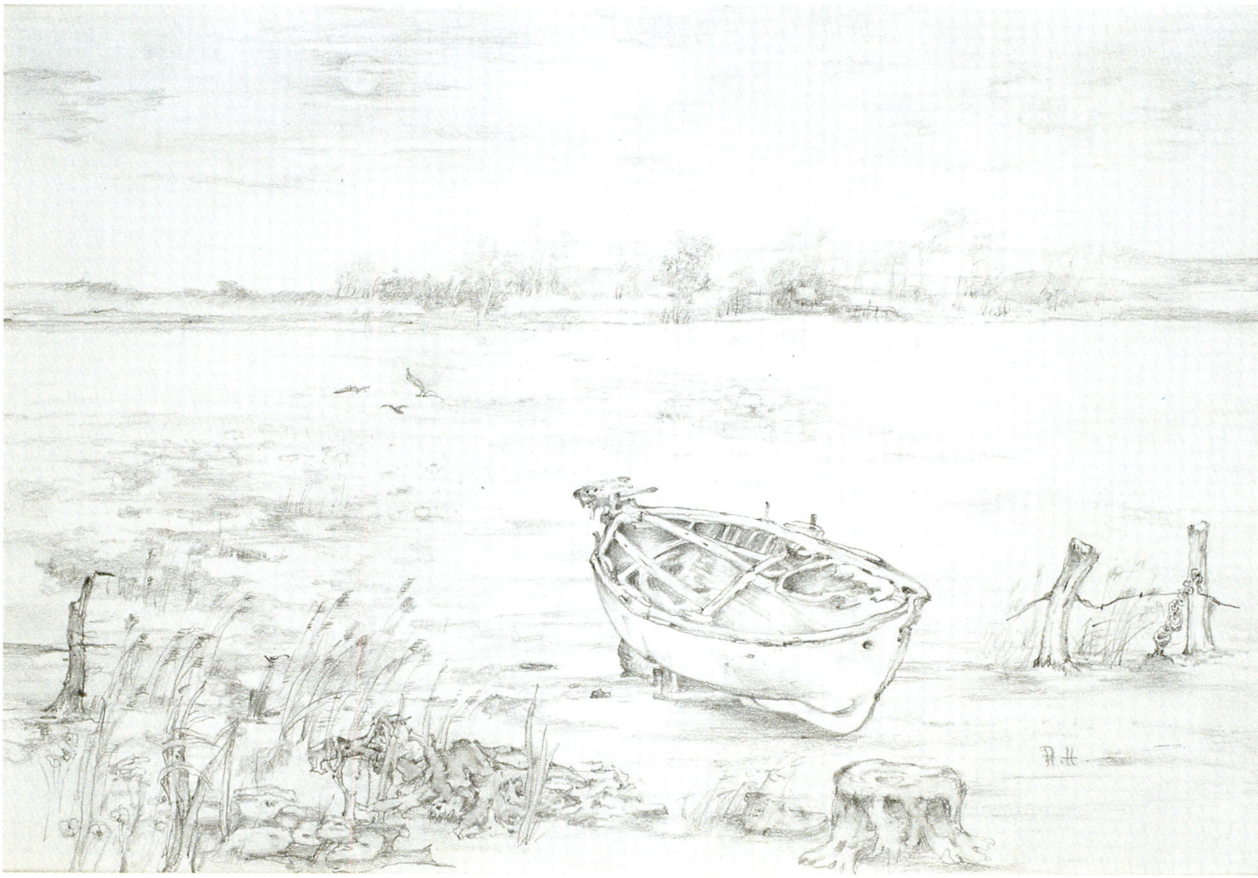

Das blaue Boot

Ein blaues Boot – verlassen auf einem Sandstreifen. Eine Bleistiftzeichnung ging voraus, ehe ich mich am Nachmittag mit meinem Kreidekasten wieder einfand, um das Boot einzufügen vor Wasser, Sand und Himmel. Die Flut hat inzwischen einen Teil des Landes weggespült, so daß neben dem Boot eine kleine Bucht entsteht. Der Himmel bietet ein prächtiges Wolkenspiel, das ich mit den weichen Farbkreiden zügig über dem Meer erarbeite. Darunter skizziere ich mit Pastellstiften die ferne Landzeile. Abstufungen im flachen Landstreifen, einige Bäume und Häusergruppen, die von meinem Standort aus nur undeutlich zu erkennen waren, trennen die Meeresbucht vom Himmel.

In das Blau des sanft bewegten Wassers male ich die Licht- und Sonnenfarben strichweise hinein, ohne die Flächen zu verreiben. Mit der körnigen Kreide, wenn sie mit den Breitseiten aufgesetzt wird, können Sie den lichtglitzernden Effekt gut darstellen. Alle Himmelsfarben tauchen wieder im Meerwasser auf, Lichtes bis in die kleine Flutnische. Der Sandboden des Uferrandes ist bereichert mit ein paar Erdfarben. Ich habe das Boot verankert, seinen Standort belebt mit Hölzern, Steinen und sich im Wind wiegenden Grasbüscheln. Nach der vorangegangenen Bleistiftzeichnung ist die Gestaltung in Farbe einfach. In die rechte vordere Ecke male ich Teile eines dürren Gestrüpps.

Sie werden – je weiter Sie in die Kunst der Landschaftsmalerei voranschreiten – spüren, wo sie vom Sichtbaren etwas weglassen oder hinzufügen können. Für den Betrachter eines fertigen Bildes ist die Kenntnis um das tatsächlich Vorhandene nicht das Wesentliche. Der Künstler ordnet und formt nach eigenen Gesetzen.

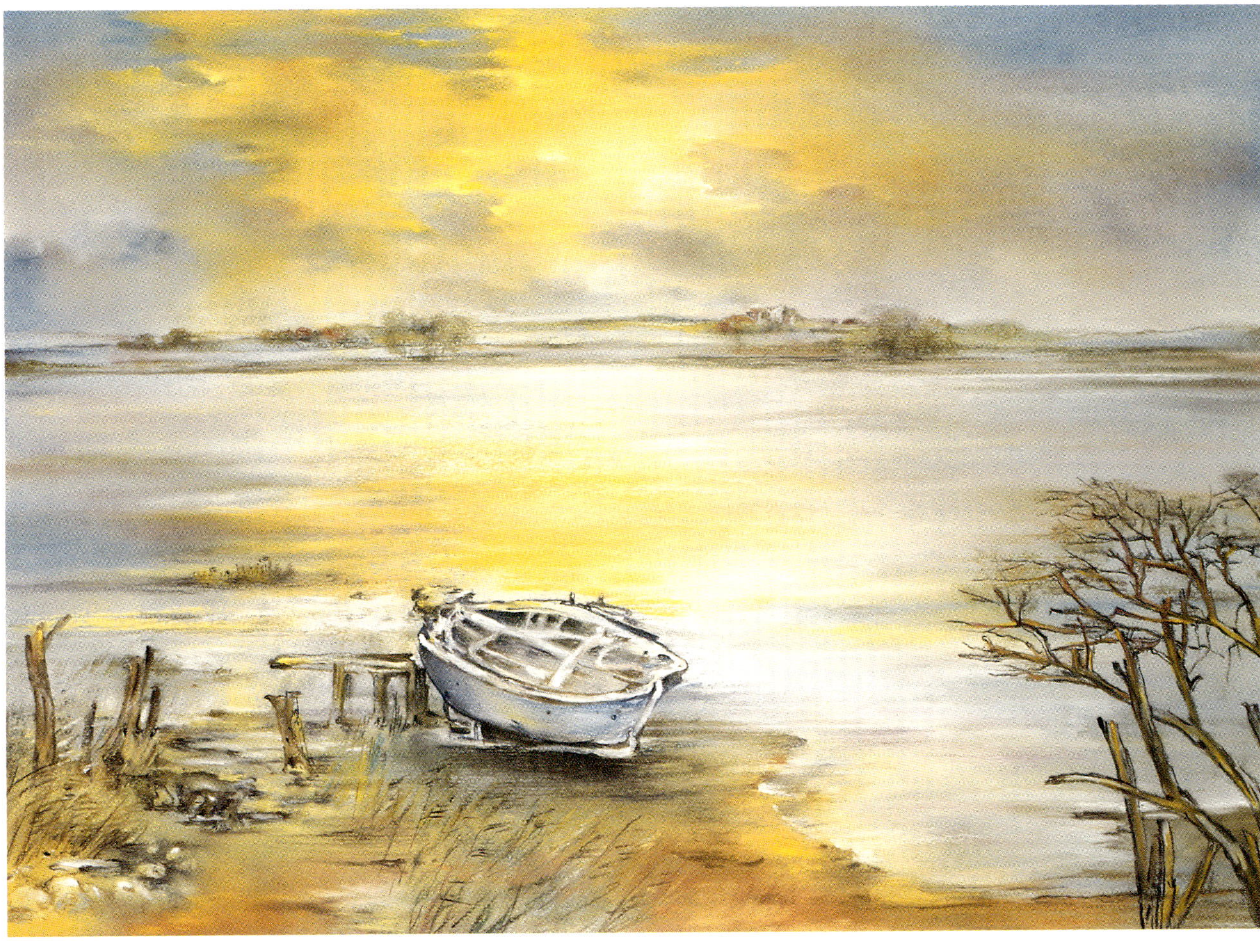

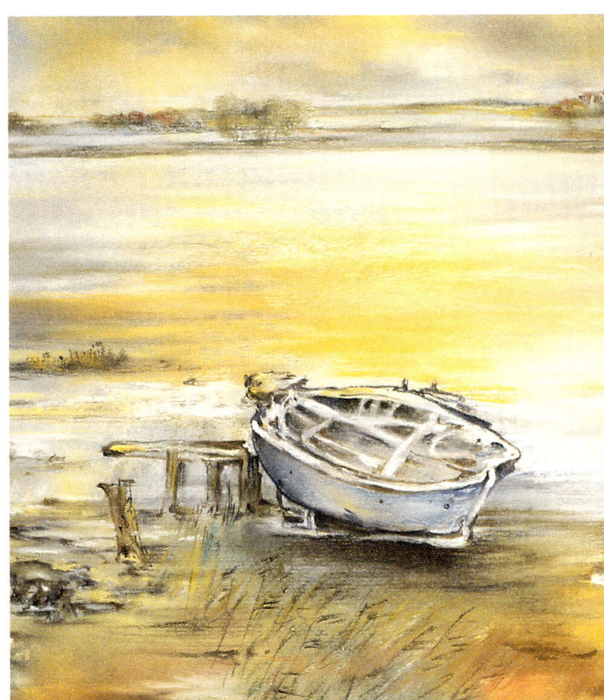

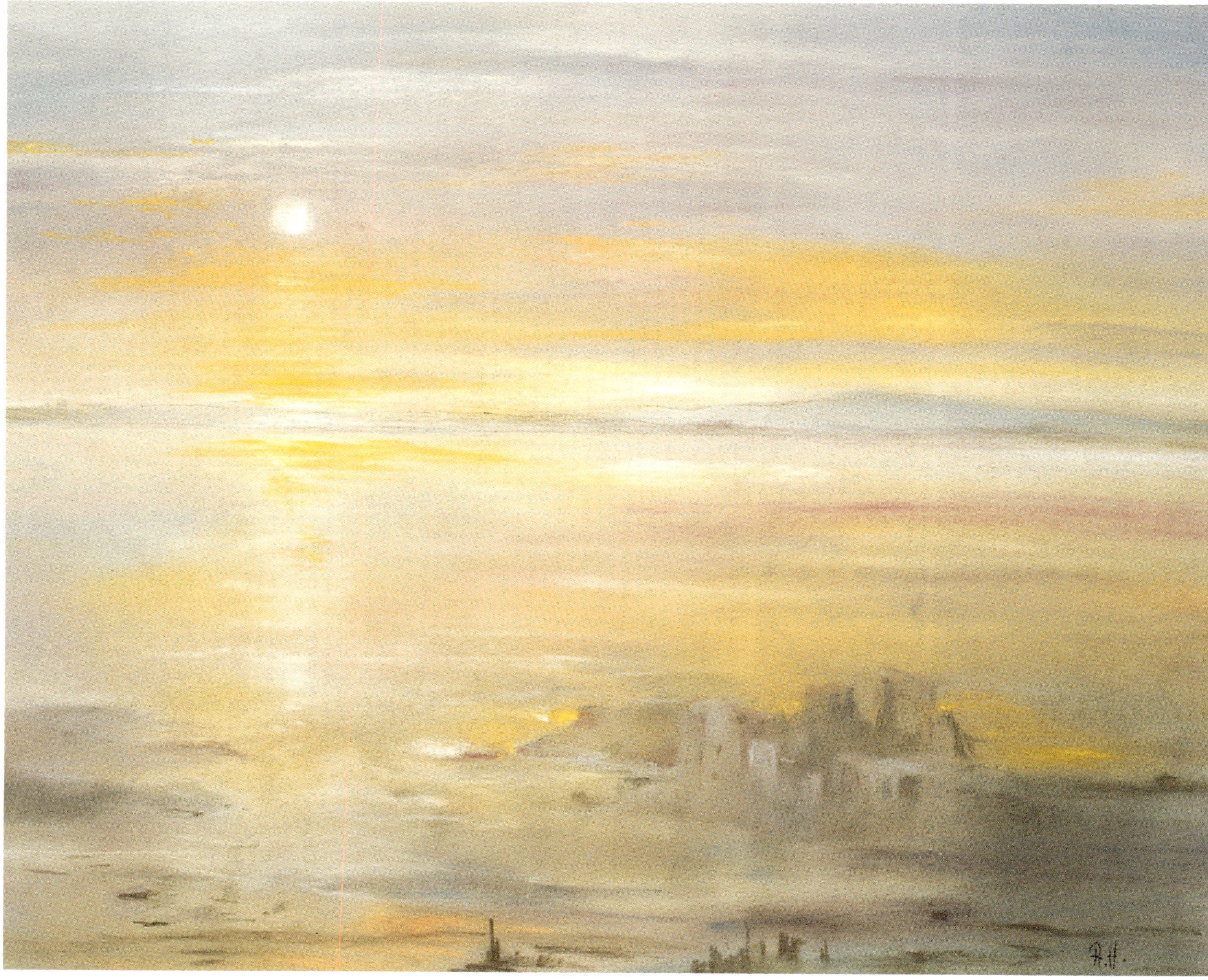

Meeresbucht am Morgen

Leichter Dunst liegt über Land und Meer. Eine Landzunge mit den Resten eines Kastells bietet sich undeutlich meinen Augen dar. Es reizt mich sehr, diese von Morgendunst verschleierte Welt zu malen. Die Pastellkreide eignet sich hervorragend dazu, weiche Übergänge zu schaffen, da wo Himmel und Wasser sich miteinander zu vermählen scheinen. Da wird es unwichtig für Ihr Bild, was denn für ein Burgrest oder Kastell im Nebel liegt. Es kommt dem Maler darauf an, mit seinen Farben auszudrücken, was diese Morgenwelt verkündet. Obwohl es so aussieht, als hätte ich wenig Farbtöne verwendet, muß ich einen großen Teil meiner Farbskala brauchen, um zu zeigen, wie schimmernd sich Land und Meer unter der bleichen Sonne ausbreiten. Zügig muß ich arbeiten; denn allzu schnell verändern sich am frühen Morgen die Lichtverhältnisse. Freilich können Sie jederzeit zu Hause im Atelier Korrekturen und Verbesserungen anbringen. Bedenken Sie, daß ein Zuviel im nachhinein den ursprünglichen, lebendigen Ausdruck zerstören kann. Wie leicht kann erneutes Übereinanderschichten der Kreiden die bereits farbgesättigten Stellen verschmutzen und dumpf erscheinen lassen. Die Brillanz der Töne erreichen Sie auch durch geringen Farbauftrag. Eine Zwischenfixierung kann hilfreich sein. Nach dem Trocknen des Fixativs, das nur dünn aufgesprüht wird, lassen sich leuchtende Kreiden gut über eine erste Schicht legen. Sollte Ihr Fixativ einmal Tropfspuren hinterlassen haben, müssen Sie das Ganze noch einmal überarbeiten. Das ist ein mühsamer Vorgang. Sind die Tropfen allerdings fein und gleichmäßig verteilt, kann der Sprühregen wie ein lebendiger Film über dem Bild liegen, ohne den Charakter des Gemäldes zu verfälschen.

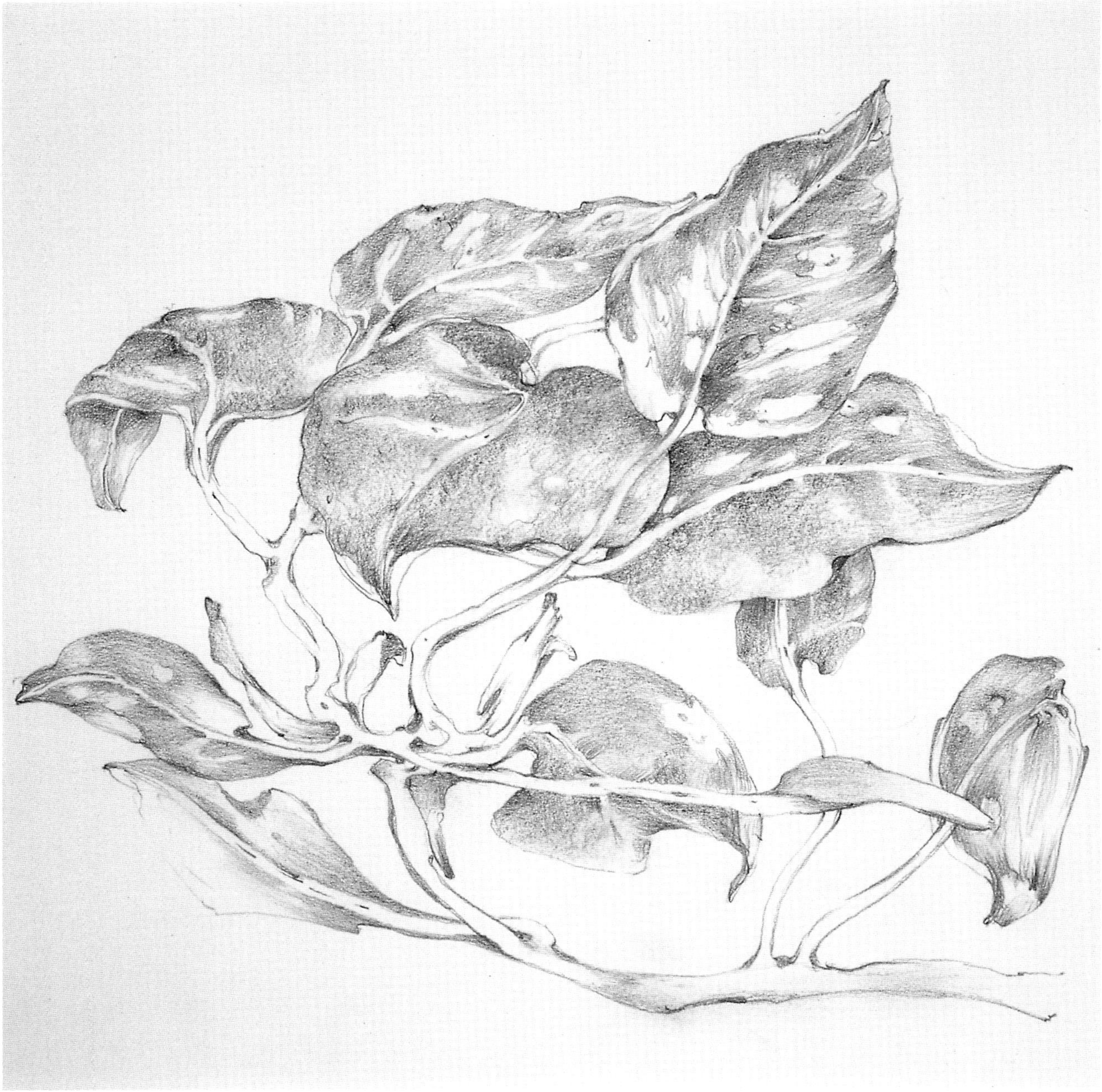

Blatt- und Blütenstudien

Kletterpflanzen

Betrachten Sie diese Übungen nicht als überflüssig oder gar zeitraubend. Bei der Landschaftsmalerei brauchen Sie die Sicherheit im Zeichnen des Details, wenn Sie unmittelbare Nähe im Vordergrund malen wollen. Vor dem Fenster, durch das Sie eine Landschaft sehen, können Kletterpflanzen oder die Blätter eines davorstehenden Baumes hängen. Sie wollen sie mit einbeziehen, um die Tiefenwirkung der sich stufenweise davor ausbreitenden Landschaft zu verstärken. Die anmutige Zeichnung einer Rankenpflanze mit Stielen und Blättern ist eine kleine Arbeit, die einen Augenblick der Muße ausfüllen kann.

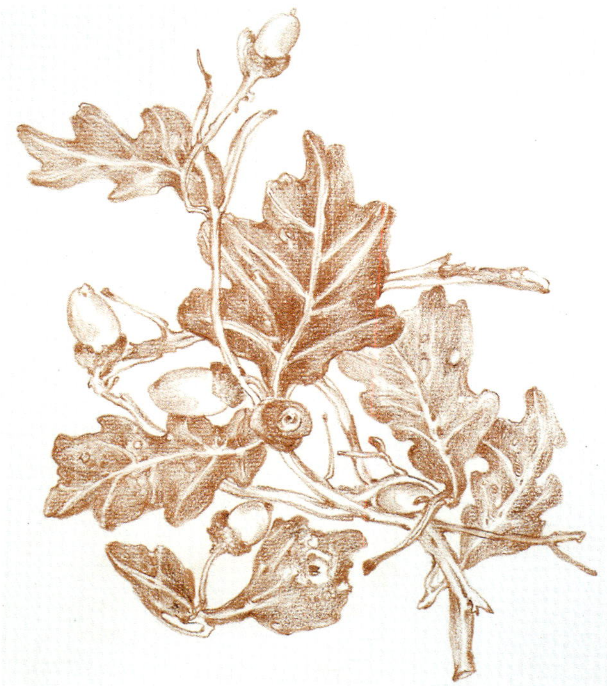

Eichenblatt mit Früchten

Ein Eichenblatt mit Früchten könnte im Wald oder Park Ihrer Aufmerksamkeit wert sein. Ob Sie nun Bleistift, Rötel oder Kreidestifte nehmen oder Blätter und Blüten mit Kohle, Rot- oder Braunkreide zeichnen, ist unwesentlich.

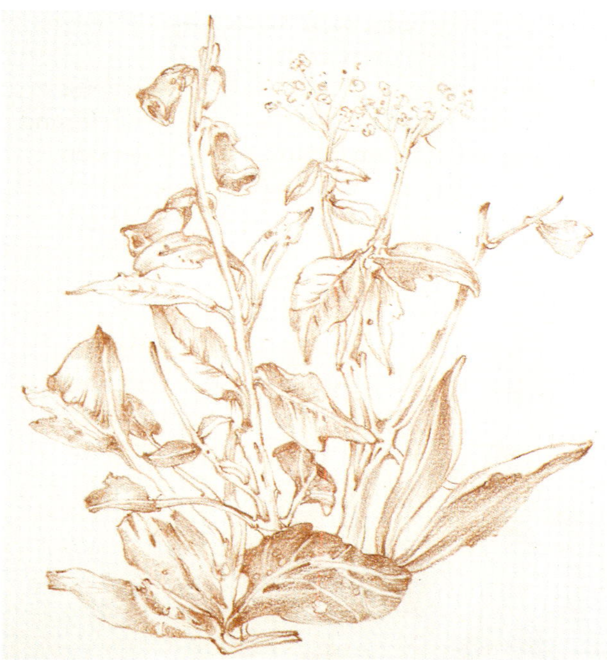

Wiesenblumen

Kleine Blütenstudien in einer Wiese machen Freude. Sie wollen zum Beispiel einen Wiesengrund in Pastellfarben malen und die direkt vor Ihren Füßen wachsenden Blüten in realistischer Manier in Farbe zeichnen. Die Zeichnung dieses Details und die Frage der Technik sind wichtig für Sie. Selbstverständlich können Sie ebenso wirkungsvoll den Blumenteppich aus Farbtupfern bestreiten. Beide Arbeitsweisen sind möglich und sinnvoll.

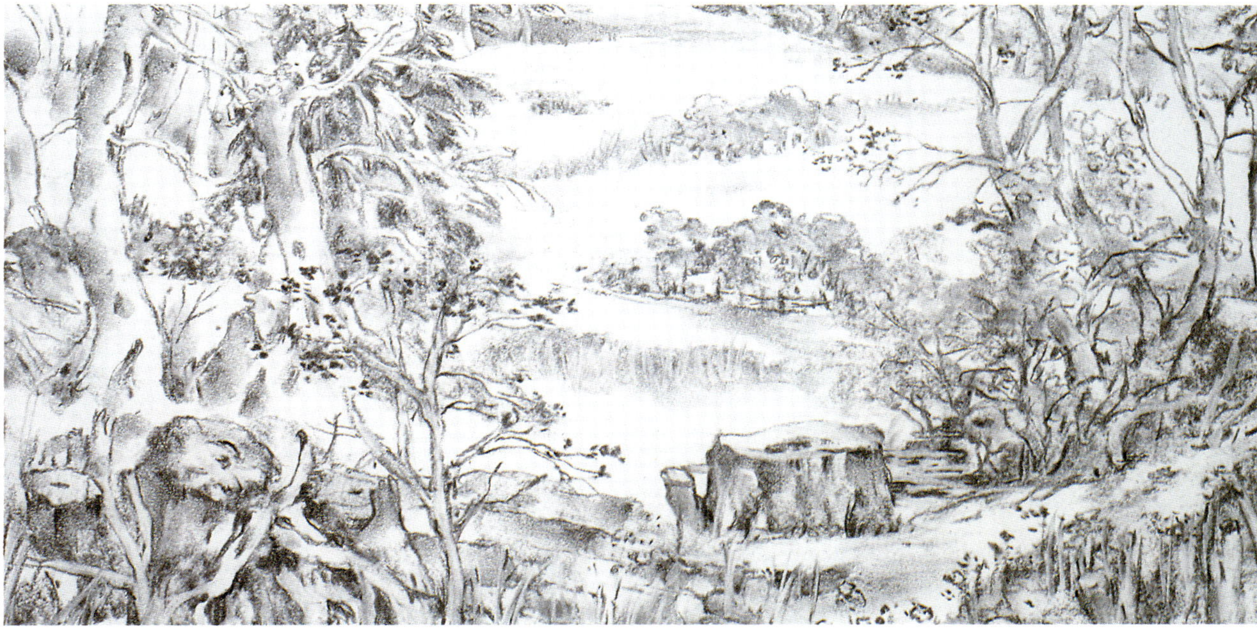

Waldstudien

Bevor ich im zweiten Teil dieses Buches Landschaften im Wechsel der Jahreszeiten zeige und erläutere, schlage ich Ihnen vor, mit Skizzenblock und Kohlestiften Dickicht und Wald aufzusuchen. Eine Fülle von Formen verdient hier Ihre Beachtung.
Diesmal soll es sich nicht um flüchtig anskizzierte Landschaftsausschnitte handeln, sondern eher um intensives Beobachten. Ein ganzes Leben reicht nicht aus, alle kleinen und großen Gestalten der Natur nachzubilden. Diese Studien können weit über bloße Nachbildung hinausgehen. Vergessen Sie nicht, daß jede Verfremdung, jede Abstraktion ihren Ursprung in der Natur hat. Die folgenden Studienblätter sehen kompliziert aus. Mit der Zeit werden viel Übung, eine Spur Fantasie und Freude am Detail Sie dazu befähigen, Zeichnungen in dieser dichten Art und Weise zu vollbringen.

Studie am Waldrand

Auf der Böschung am Waldrand sitzend, sehe ich vor mir ein ansteigendes Wiesenstück, das von mancherlei Bäumen durchsetzt und eingerahmt wird. So beginne ich vom oberen Bildrand aus, die weiter entfernten Tannen zu zeichnen, neben und hinter ihnen anzudeuten, was mein Auge an Waldzeile und Baumwuchs erkennen kann. Danach ordne ich den Verlauf der Waldwiesen bis zum Vordergrund, indem ich mit zarten Kohlestrichen das unterschiedliche Grün, das die Wiesenstücke voneinander abgrenzt, anzeichne.
Die im Licht liegenden hellen Flächen werden ausgespart. Nun kann ich mich den über den Bildrand hinausragenden Bäumen zuwenden. Unter den herabhängenden Zweigen füge ich zwischen die rund gezeichneten Stämme und Äste, Stück für Stück Buschwerk ein und vergesse nicht, die Baumwurzeln hell auszusparen. Eine ausladende Fichte im Mittelteil links streckt ihre Zweige in den Wiesengrund hinein. Die groß aufragenden Bäume zu vollenden, gelingt besser, wenn Sie vorher üben, wie die Seitenäste rings um den Stamm aus dem Baum herauswachsen. Sie dürfen in Ihrer Zeichnung nicht wie angeklebt aussehen. Diese Arbeitsgänge habe ich im Lehrbuch des Grund- und Aufbaukurses eingehend erklärt.
Die rechte Seite zeichnen Sie in der Art und Weise wie in den vorherigen Studien. Denken Sie einfach an Waldfrüchte und an all das kleine Wurzelwerk und Gestrüpp zu den Füßen der Bäume.
Auf halber Böschung vor mir steht ein Baumstumpf, die Schnittfläche vom Licht beschienen. Ein kleiner Pfad führt rechtsseitig in den Wald hinein. Gräser und Blumen begrenzen ihn. Wenn Sie ein ähnliches Szenarium vor sich haben, werden Sie Wesentliches heraussuchen und im Spiel zwischen Hell und Dunkel, das ja die Zeichnung ausmacht, einen anmutigen Weg zur Vollendung Ihrer Skizze finden.

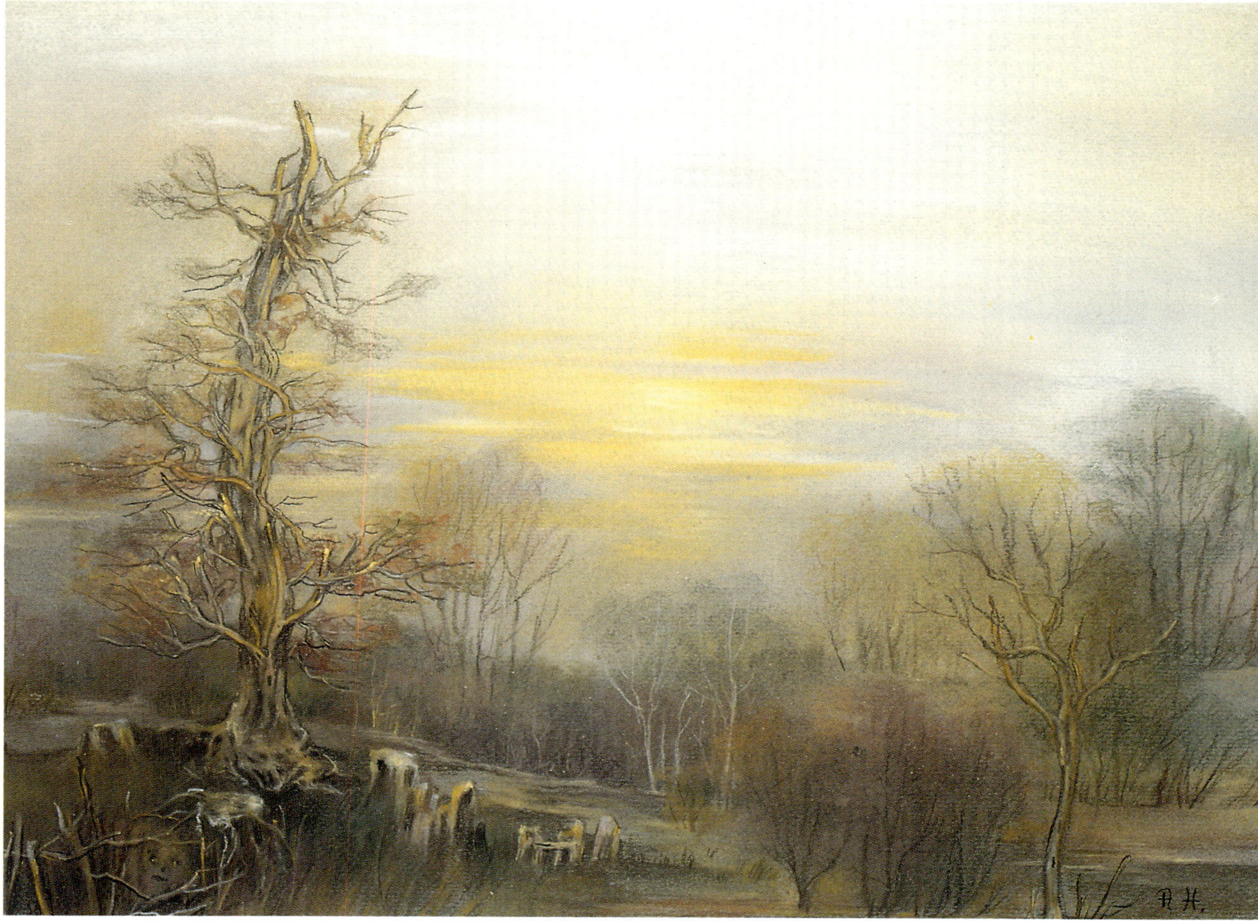

Die Eiche in der Landschaft

Überleiten zum zweiten Teil dieses Buches möchte ich mit einem Pastellbild, bei dem sich vor dem Waldgrund ein einzelner Baum, eine Eiche, erhebt, welche Landschaft mitbestimmt. Wenn Sie Bäume aller Art studiert haben, können Sie eine Waldkulisse, hier sich in tiefem Grund bewegend und rechts aufsteigend, ohne größere Schwierigkeiten in Farbe ansetzen.

Ich habe den Himmel – es ist ein Frühlingsmorgen – in sanften Farben gehalten. Gelbe Streifung einer nicht sichtbaren Sonne leitet vom dunstigen Blau-Grau in Erdnähe zum lichten Tageshimmel über. Links im Bild, hinter der Eiche, verflüchtigen sich die Schatten der Nacht. Dort habe ich auch den Waldgrund dämmrig angelegt. Lichtere Hügel rechts mit ihren Baumbeständen leiten über zum buschigen Vordergrund, den ganz rechts noch einmal ein weißstämmiger Baum ziert. Ich habe die Farben des beginnenden Frühlings in differenzierter Tonigkeit wie zarte Gewebe über die Baumkronen gelegt, mit Stamm- und Aststrukturen bereichert, die Sie gut mit den Pastellstiften hineinzeichnen können. All diese Bäume verschmelzen stufenweise miteinander. Nur die Eiche steht deutlich und einsam auf einem links vorgelagerten Hügel, hinter dem der Wald in dunkle Gründe abfällt. In den unteren Zweigen „nistet" noch Herbstlaub vom vorangegangenen Jahr, während sich an den oberen Zweigen bereits das neue Frühlingslaub sehen läßt. Der Baum ist alt, der Stamm rissig und zerklüftet. Helle Wurzeln krallen sich haltsuchend in die Erde, breiten sich schlängelnd aus. Eine Eiche ist eine Extrastudie wert: Das Spiel der knorrigen Äste rings um den Stamm verjüngt sich nach oben. Die Baumkrone ist abgebrochen. Vielleicht hat ein Blitz die oberen Äste gespalten, da sie keine Blätter mehr tragen. Für beides, Stamm und Äste, brauche ich beim Malen viele Farbtöne. Rissige Rinden müssen modelliert werden, Lichtschimmer werden aufgetragen. Vor der Eiche stehen einige Baumstümpfe und Gräser bewegen sich im Vordergrund.

Landschaftsstudien

Dem Kreislauf der Jahreszeiten zu folgen und zu malen, wie sich Monat um Monat das Bild der Landschaft verändert und Sonne und Mond die Jahreszeiten begleiten, wird stets eine der reizvollsten Aufgaben des Künstlers sein. Im zweiten Teil dieses Buches folge ich dem Jahr vom Frühlingserwachen über den Winter hinaus. Es ist verständlich, daß in einem Buch über Technik und Ausdruck der Landschaftsmalerei die naturnahe Darstellung vorrangig ist.
Wenn Sie sich in Ihrer Malerei der Landschaft zuwenden möchten, muß meines Erachtens ein gründliches Studium im Umgang mit Farben sowie das Gestalten von allerlei Formen vorausgehen. Erst wenn Sie diese Sicherheit erreicht haben, ist es möglich, den Eindruck, den eine Landschaft hinterlassen hat, in künstlerischer Form auszudrücken. Stimmungen und Empfindungen können erst dann Gestalt annehmen, wenn Sie das Handwerk – hier das Handwerk der Pastellmalerei – beherrschen. Freilich ist es möglich, sich mit bloßen Farbspielen zu begnügen. Doch das soll nicht der Tenor dieses Buches sein. Romantische oder bizarre Eindrücke beim Wandern oder bei einem Gang durch die Städte bleiben zwar mehr oder weniger im Gedächtnis haften, aber erst die Übung vor und in der Natur befähigt dazu, den vollendeten Ausdruck individueller Eindrücke sichtbar werden zu lassen. Das Geschaute kann zum Bild werden. Es ist eine Frage der persönlichen Umsetzungsweise, ob Sie späterhin die realistische Malweise bevorzugen werden oder in einer anderen Weise Ihre Eindrücke malend gestalten wollen.
Geeignete Wetterverhältnisse sind Voraussetzung für das Arbeiten im Freien, außerhalb Ihres Ateliers. Ebenso werden Sie eine Grundausstattung an allerlei Malutensilien benötigen, ehe Sie sich an das Skizzieren und Malen draußen in der Natur wagen. Zum längeren Sitzen genügt ein leichter Feldhocker. Pastellpapiere (Ingres, Velour oder auch Fotokarton) befestigen Sie im beabsichtigten Format auf eine feste Pappe als Unterlage. In einem Kasten geordnet bewahren Sie allerlei Pastellkreiden auf. Ein Gefäß mit Pastellholzstiften und Kohle zum Skizzieren genügt. Ein feuchtes Tuch (da Wasser nicht immer in der Nähe ist) zum Reinigen der Hände (bei Wischtechnik unerläßlich!) und Fixativ für eine Zwischenfixierung müssen ebenfalls vorhanden sein. Eine Abdeckfolie empfiehlt sich, falls plötzlicher Regen einsetzen sollte. Eine möglichst wasserdichte Tasche im Format Ihrer Bilder ist sinnvoll, wenn Sie Ihre Arbeit auf dem Heimweg schützen wollen. Wenn Sie kein Auto benutzen wollen und in unmittelbarer Nähe Ihres Wohnortes arbeiten möchten, können Sie all diese Dinge ohne weiteres in einem größeren Korb Ihres Fahrrades unterbringen.
Ich möchte den malerischen Gang durch die Monate des Jahres mit dem März beginnen, wo die Sonne intensiv genug ist, um draußen für einige Zeit zu verweilen.

März

Weiden im Schnee

Für das erste Bild habe ich den Nachmittag gewählt. Der Frühlingswind treibt weiße Wolken vor sich her. Sonne hat den Schnee bereits bis auf einige Reste auf den Wiesen, am Bach und am Fuß der Bäume weggeschmolzen. Dieses fröhliche Farbspiel, eingefangen in den Weidenkronen und im Wasser, reizt zur Wiedergabe. Zu Beginn lege ich das Format fest und überlege mir, wie weit ich den Himmel bis zum Horizont malen möchte. Da genügt vorerst eine skizzenhafte Andeutung der sanften Hügel und Wiesen hinter den Weiden. Danach arbeite ich tiefes Blau in den linken oberen Bildteil und lasse es in leichten Farbabschwächungen bis zum Horizont in der Wischtechnik auslaufen, wobei ich über fernen Wald und Hügel das Blau durch etwas Gelb ersetze, das an nachmittägliches Sonnenlicht erinnern soll. Die Wolkenformationen muten wie geschmolzene Schneeflecken an – in Auflösung begriffen – die Gestalten leicht verwischt. Das alles läßt sich nach einiger Übung in der Technik des Farbverreibens gut darstellen. Im unteren Himmelsrand muß man darauf achtgeben, daß beim Gelbauftrag keine Grünstellen auftreten. Ich lasse deshalb das Himmelsblau in Weiß und in

helles Grau auslaufen, um die Gelbtöne problemlos einarbeiten zu können. Hügelkette und der rechts vorgelagerte Wald sind in Grau und violettem Farbschimmer zu sehen, die zu dem strahlenden Sonnengelb einen hervorragenden Kontrast bieten.
Außer einigen, noch vom Schnee betupften Bäumen ganz rechts vorm Wald, ist kaum Formales im Hintergrund auszumachen, so daß ich wiederum, leicht die Flächen verreibend, Wiesen und Felder malen kann, die bereits lichtes Grün neben Schneeresten zeigen. Nun erst zeichne ich mit Farbstiften den Bach ein. Vor der Brücke sind durch die Schneeschmelze die Wiesen teilweise überflutet, so daß der vorderste Weidenstumpf und die Stockreste vorn rechts im Wasser stehen. Die Formationen der Wiesen zu beiden Seiten male ich in allerlei Grün- und Gelbtönen, rechts oben ein Wiesenstück mit einer Weidengruppe, deren ockerfarbene Wipfel etwas die dunkle Waldzeile überragt.
Nun wende ich mich der linken Bildseite zu. Dort stehen am Bachufer und weiter hinten knorrige Weiden. Mit schwarzer und dunkelbrauner Kreide zeichne ich von hinten nach vorn arbeitend die Baumstämme. Ich achte darauf, die anmutige Bewegung nicht durch zu steifes „Hinsetzen“ der Bäume zu zerstören und die Größenverhältnisse insofern zu beachten, daß ich die vorderen Weiden nach den Regeln der Perspektive kräftiger und umfangreicher zeichne. Sie werden sicherlich schon oft beobachtet haben, daß die Weidenstämme mit ihren dunklen Köpfen, aus denen die schwarzen oder braunroten Äste peitschenförmig herausragen, in ihrer Rissigkeit viel Farbe aufweisen und natürlich auch den Lichteinfall aufnehmen. Wenn Sie nun die noch unbelaubten Baumkronen malen wollen, empfehle ich Ihnen, die feineren Äste mit teils braunen und dunkelroten Strichen zu zeichnen und darüber mit dicken Kreiden, die man ganz leicht schattierend aufsetzt, das Leuchten im feinsten Geäst wie einen Schimmer in Braun-, Rot- und Gelbfarben darüberzusetzen. Einzelne Äste, die diesen Farbkreis durchbrechen, können Sie dann ohne weiteres wieder hinein- und darüberzeichnen.
In die Mulden zwischen abgesägten Ästen hat sich noch Schnee eingenistet. Es ist leicht, diese Stellen mit Weiß zu markieren. Ebenso hat sich in den Nischen der Baumwurzeln Schnee versteckt und der Sonne entzogen. Partiell sieht man ihn auch an Bachrändern und zwischen den Bäumen. Rechts sind es die höher in den Himmel aufragenden Bäume, die auf einer kleinen Erdinsel stehen. Da liegt noch etwas Schnee auf Stamm und Ästen. Der kleine Seitenarm des Baches ist seicht und noch nicht eisfrei. Nachdem ich nun die Weiden in ihrem ersten Frühlingsschimmer gemalt habe, gestalte ich den Bachlauf. Unter der Brücke hat er das Blau des Himmels eingefangen. Gelb und etwas Wiesengrün spiegeln sich ebenfalls wider, und unter den schneebedeckten Uferrändern nistet dunkles Grau und Violett. Mit weißen Kreiden male ich die Wasserbewegung im Vordergrund. Eisreste umgeben Steine und die abgestorbenen Gestrüppreste im Vordergrund, den ich rechts und links mit vom Frost noch starren Gräsern belebe. Wenn Sie sich bereits zeichnend mit den eindrucksvollen Weiden beschäftigt haben, ist es nicht mehr schwer, einen Weidenstumpf – wie hier im rechten Vordergrund – farbig zu gestalten.

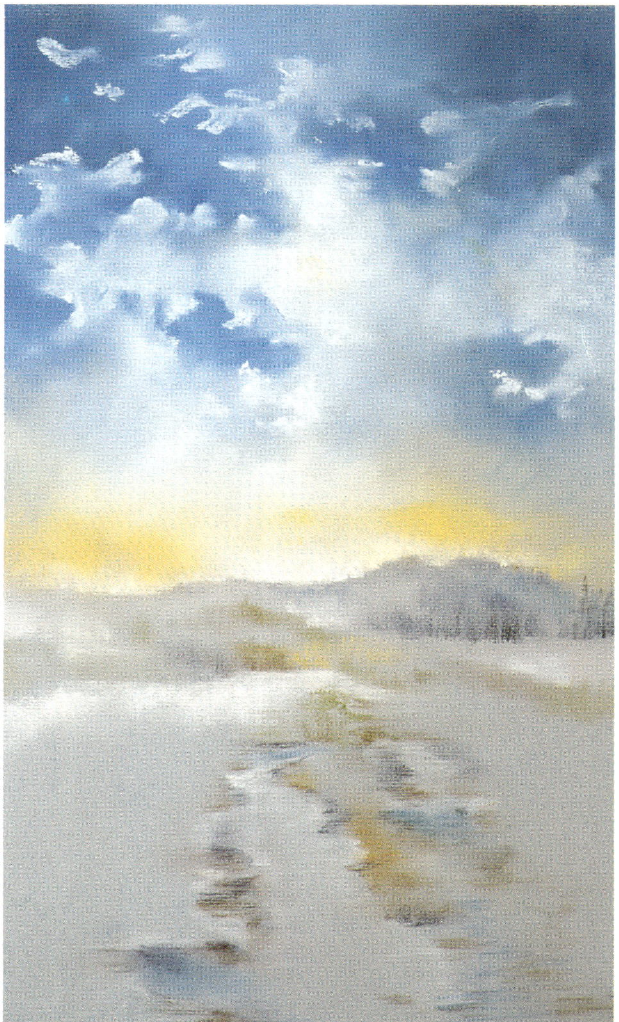

1. Schritt

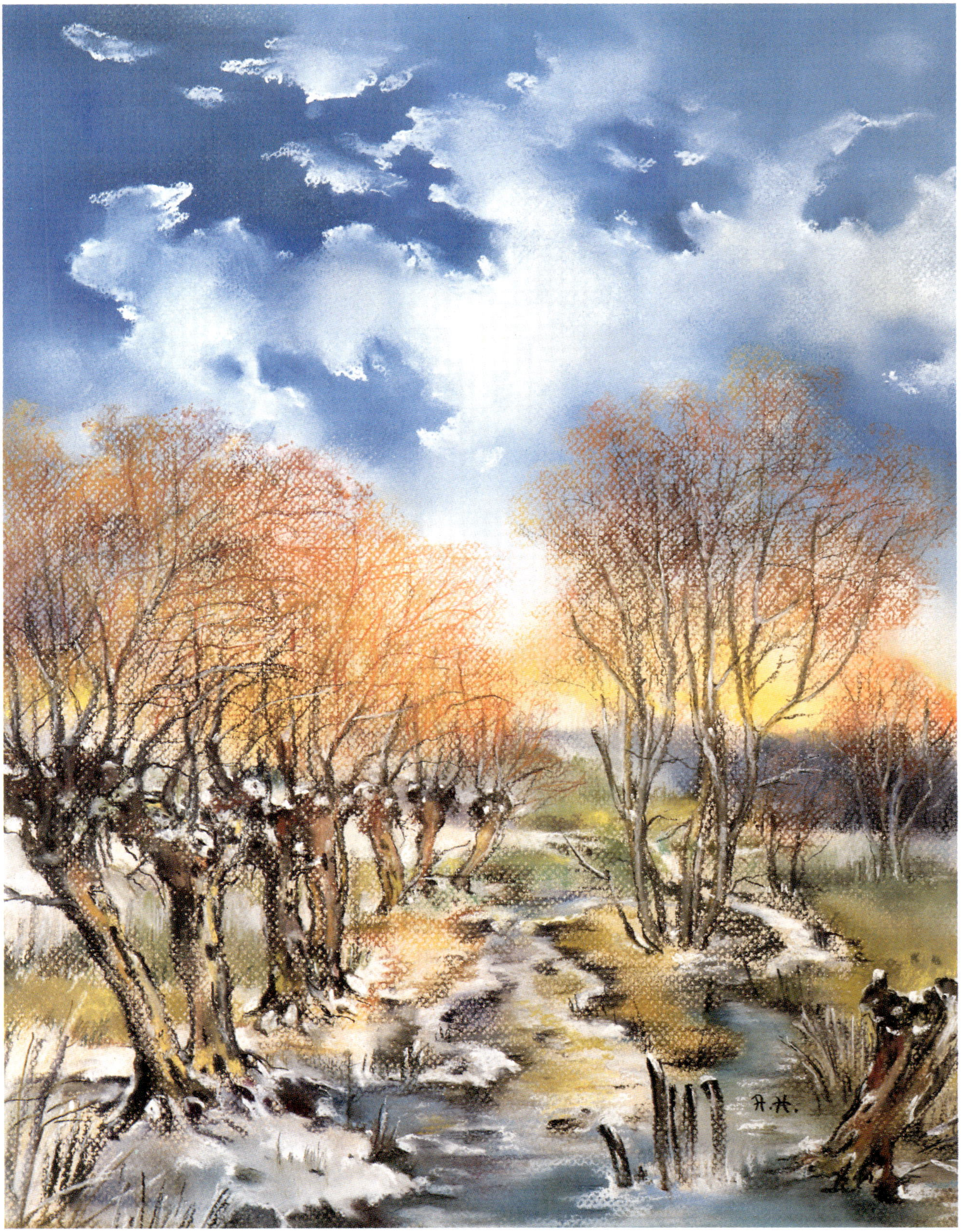

2. Schritt

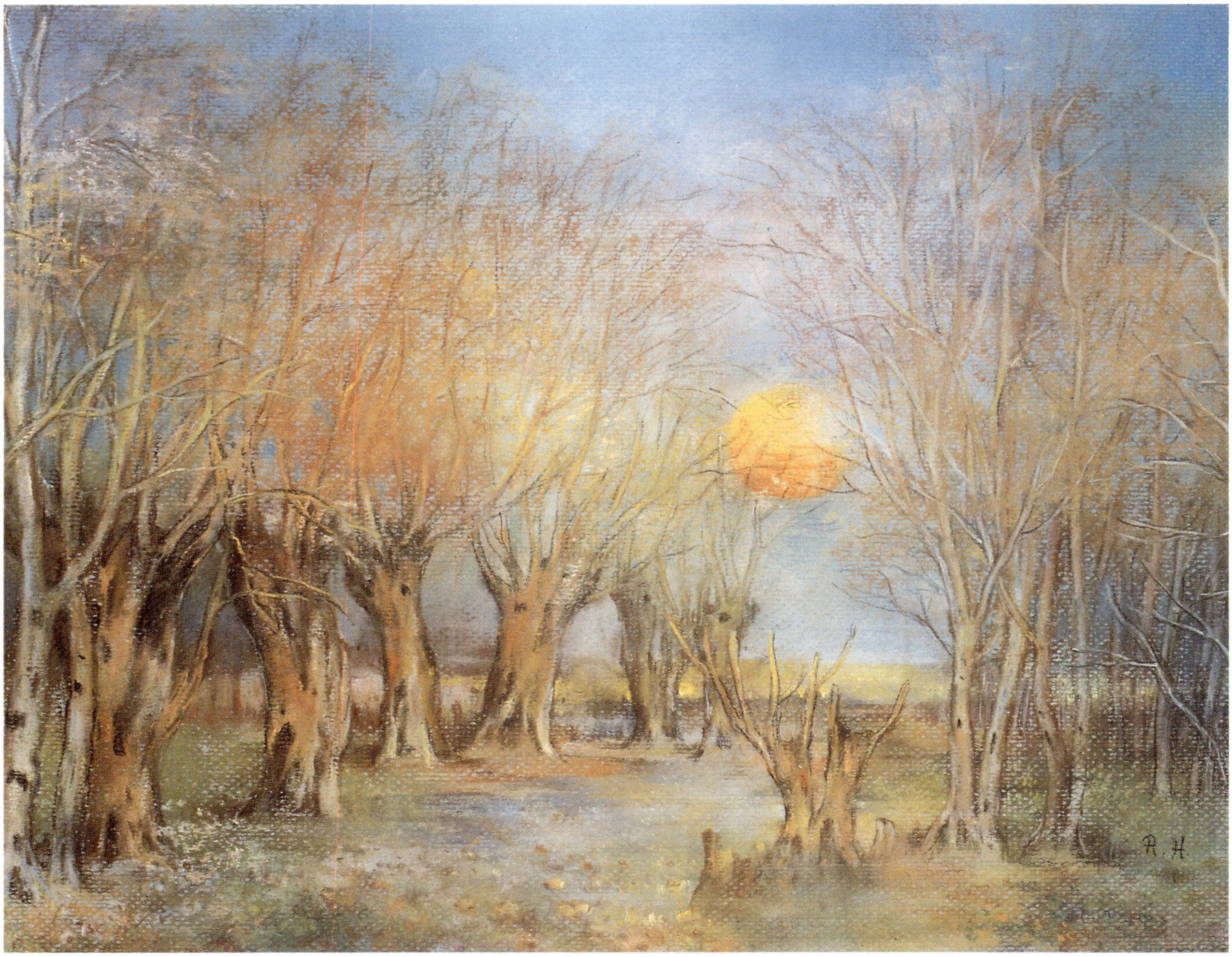

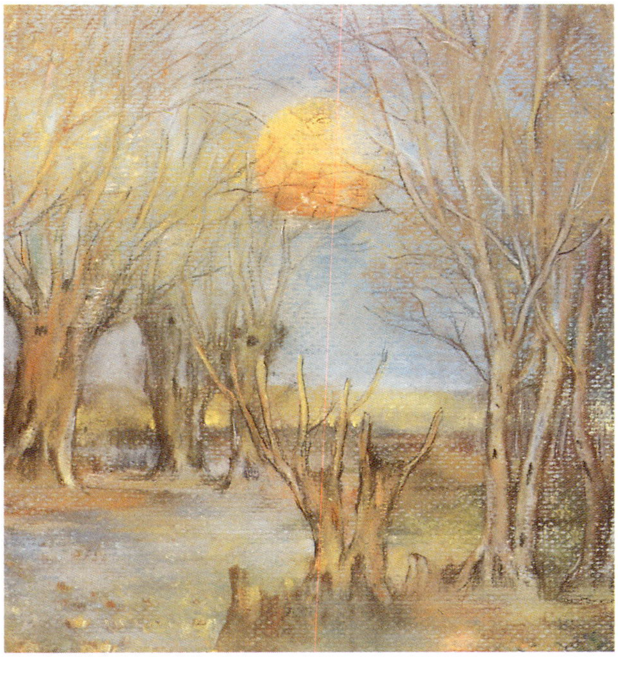

Weiden im Abendlicht

Nach der Schneeschmelze habe ich einige Zeit später an einem warmen Spätnachmittag den Weidengrund noch einmal im Bild festgehalten. Eine pralle Abendsonne geht zur Neige und die Weidenkronen nehmen ihr Leuchten auf. Die Felder und Wiesengründe weisen nun bereits sattere Frühlingsfarben auf, die ersten Blüten öffnen sich, spielen aber in dieser Abendstimmung trotz ihres Auftauchens im Vordergrund keine dominierende Rolle. Himmelsblau leuchtet zwar auf, doch sind farbliche Übergänge bis zum Horizont hin fließend. Ich kann sie mühelos, in der Wischtechnik von oben nach unten arbeitend, malen und das abendliche Dunkel hinter den Bäumen hineinfügen. Konturen von Gras und Wasser fügen sich in das Farbspiel des orangetönigen Gestirns ein. Die Bäume mit ihren schwebenden Ästen lasse ich mit Farbstiften einfließen, ohne Akzente zu setzen.

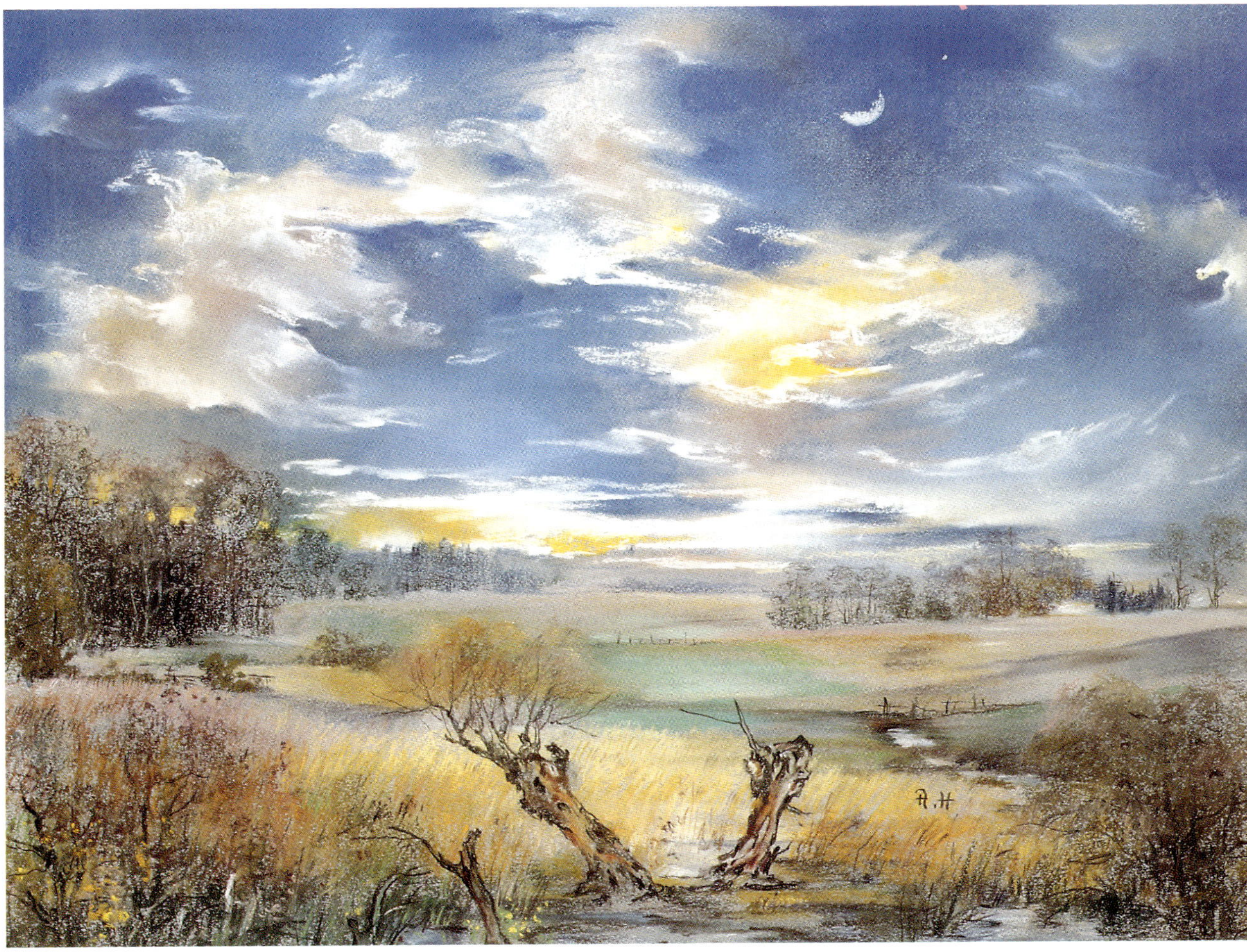

Wolkenspiel im Märzwind

Wiederum ist es die Weide, die sich vor einer Vorfrühlingslandschaft präsentiert. Einen windigen Nachmittag zeigen diese Wolkenwirbel, über denen sich eine frühe Mondsichel im Blau wiegt. Dieses Schauspiel im Flug der Wolken erscheint malenswert. „Der Frühling naht wirklich mit Brausen." Sie sehen, daß ich dieses lebhafte Wolkenspiel im vieltönigen Blau des Himmels nur mittels einer ganzen Palette von Pastellkreiden darstellen kann. Von Weiß über Gelb, Orange und Violett hinausgehend, brauche ich noch erdtönige Farben, die ich beim Gestalten des Erdbodens wiederkehren lasse. Sie werden beim Spaziergang über die Wiesen und Felder sicherlich oft beobachtet haben, daß Erde und Himmel einander im Farbklang begegnen. Hier sind es die soeben aufkeimenden Felder, auf denen der Schmelz der Himmelsfarben lagert, in der Bildmitte nur sparsam unterbrochen vom ersten Wiesengrün, während die Gräser, die den weiten Riedgrund ausmachen, wieder einstimmen in das Wolkenkonzert. Durch Wälder und Baumreihen, die sich zum Vordergrund natürlich immer größer präsentieren, ordne ich malend die Weite der Landschaft, die ich ohne scharfe Abgrenzung am Horizont in das bewegte Himmelsrund münden lasse. Zäune grenzen die Felder ein und markieren das Bachufer. Wasser blitzt im Weidengrund auf. Ganz nah im Vordergrund befinden sich die beiden altersschwachen Weiden, von denen nur die linke noch einmal neues Leben in der Krone zeigt. Bis zur Hinfälligkeit verbogen trotzen sie den Stürmen des Frühjahrs. Auch die Gräser, die in den Farben der Wolken aufleuchten, wiegen sich im Wind.

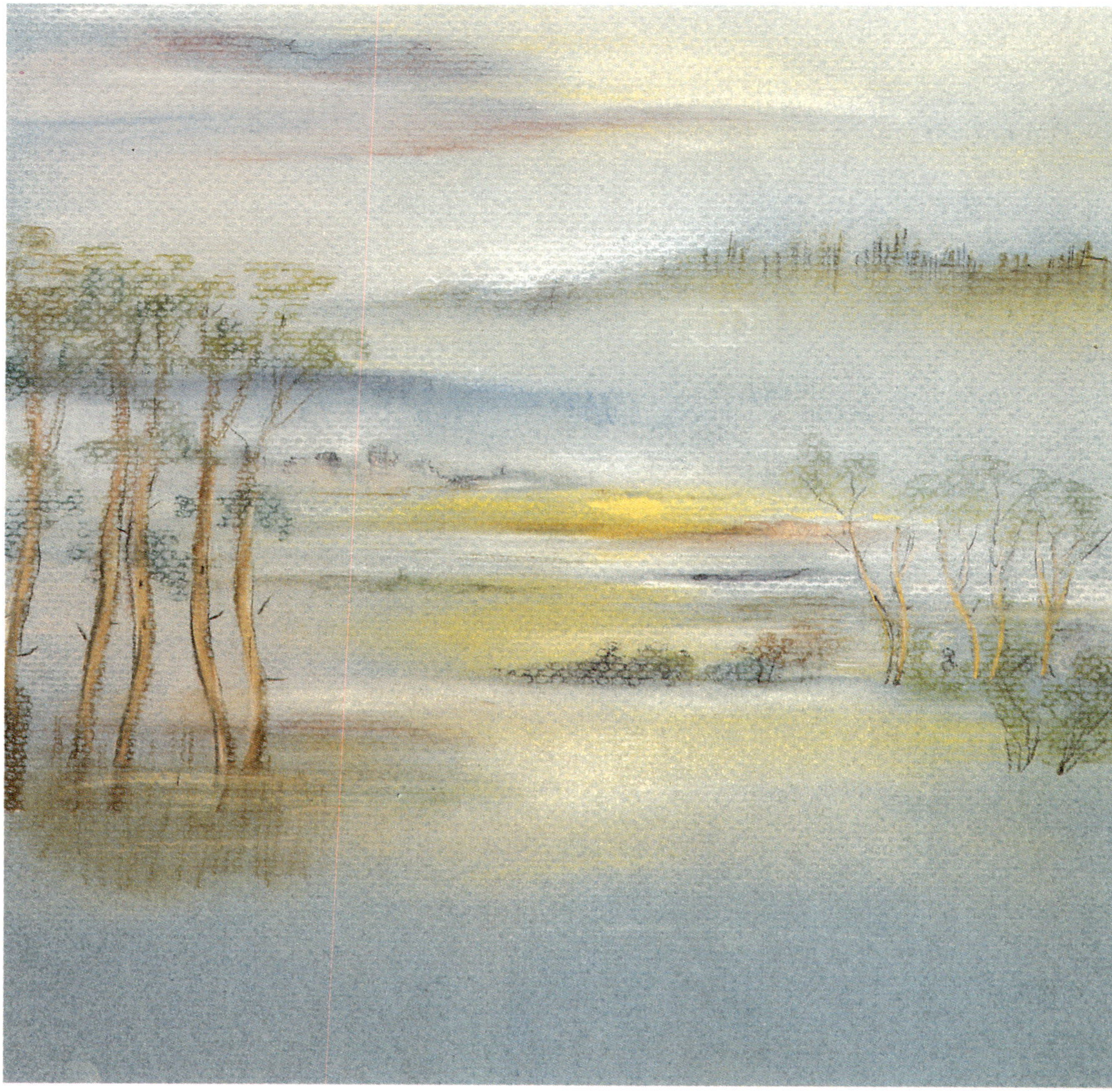

1. Schritt

April

Nebliger Aprilmorgen

Anfang April entsteht nach der ersten Morgendämmerung das Bild Nebliger Aprilmorgen. Über den violetten Schattenstreifen der verklingenden Nacht will sich die Morgensonne das Firmament erobern. Oben fange ich an, das lichte Blaugrau des kommenden Tages zu mischen, lasse etwas grauviolette Streifung hinein und deute einen leichten Gelbschimmer in der Mitte an. Ich vertiefe das Gelb, das die Sonne hinter dunklem Gewölk vorausschickt, ins Strahlende und lasse es noch einmal aufscheinen – schwächer nun – im Bereich der grauen Nebelwand, unter der die fernste Waldzeile in zartem Olivgrün zu sehen ist.

Nebel hängt zwischen Hügeln und Wäldern und verschleiert auch ein wenig die Konturen einer am Horizont auszumachenden Häuserreihe. Ein Frühlingsfeld schimmert auf, Felder in leichten Abstufungen zeigen, in den Vordergrund reichend, Erdfarben. Die Übergänge müssen sanft gemalt werden, da der Morgennebel sich noch nicht aufge-

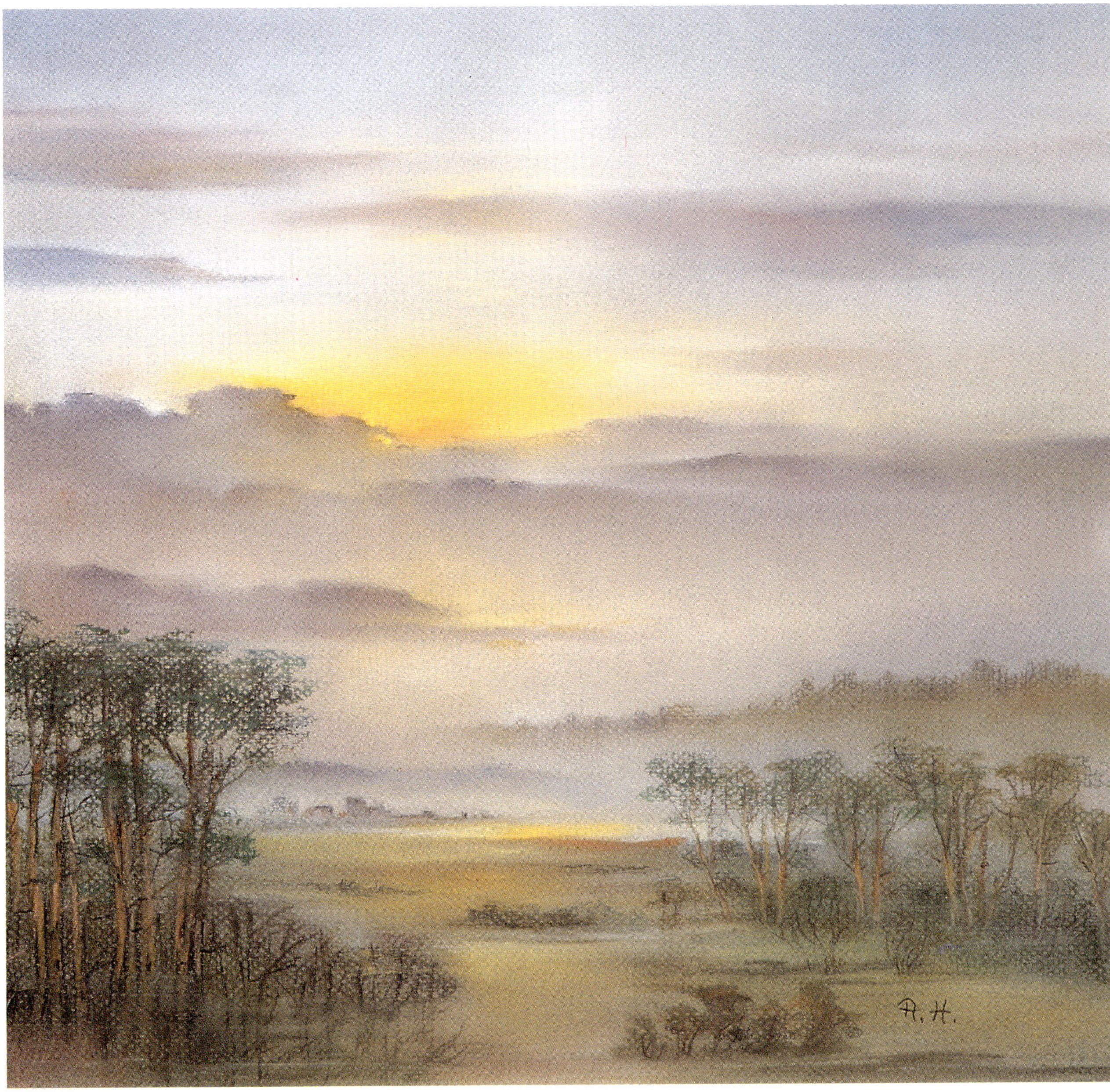

2. Schritt

löst hat. Die mittlere Baumreihe rechts weicht zurück, Büsche, die Stämme umspielend, tauchen – in den Farben intensiver – im Vordergrund auf. Nichts ist laut und deutlich, stört die sanfte Stille des frühen Tages.

Detail Himmel

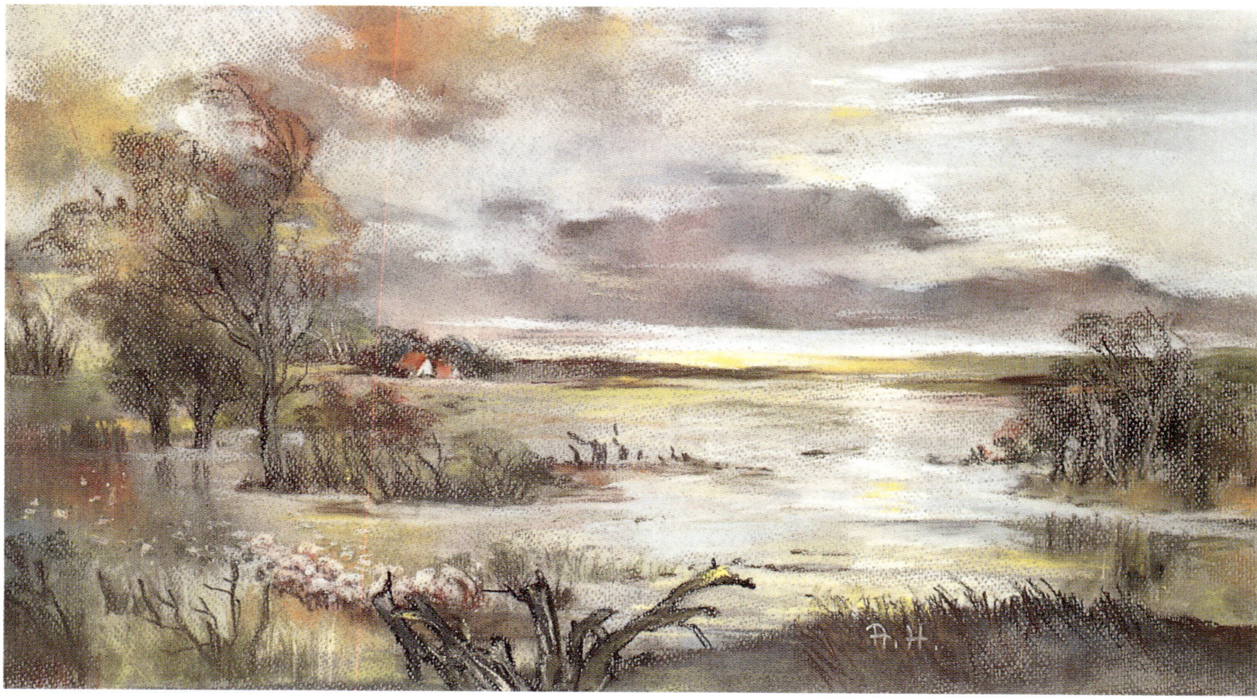

Aprilwetter

Auf die ersten schönen Frühlingstage folgt das hierzulande typische Aprilwetter. Sie werden sehen, daß auch Sturm und Regen dazu anregen können, den Aufruhr der Elemente im Bild festzuhalten. Wenn Sie durch ungünstige Wetterverhältnisse draußen nicht malen können, gibt es zwei Möglichkeiten, das Geschaute umzusetzen: Durch Vorstudien haben Sie vielleicht Ihr visuelles Gedächtnis geschult, Sie wissen bereits alle möglichen Baumarten und andere Formen darzustellen, ohne sie jedesmal wieder vor Augen zu haben, können also Erlebtes im Atelier gestalten. Himmelsstudien sind vom Fenster aus zu üben.

Die abgebildete Studie stellt das holländische Friesland nach einem Regentag dar. Diesmal nehme ich für den Himmel wenig Grau, dafür eine große Anzahl von Kreiden, mit denen ich das bewegte Farbspiel um ein blasses Sonnenlicht male. Sie werden schon häufig beobachtet haben, daß Wolken und Streifung sehr vielfarbig erscheinen und die sich unter ihnen ausbreitende Landschaft im Farbcharakter mitbestimmen. Es gibt diese Tageszeiten, wo, wie hier zu sehen, Land, Wasser und Himmel zusammenklingen, wo alle lauten Konturen fehlen. So wird hier beispielsweise auch nicht besonders deutlich, wo denn Meer und Himmel einander begegnen. Wohngebäude, gruppiert unter Bäumen, sind hier im Bild mitbestimmend eingesetzt für weite horizontale Linienführung, immer wieder durch Wasser unterbrochen und betont durch leichte farbliche Akzente: Auf umfluteten kleinen Inselchen stehen Baumgruppen und im Wasser die beiden dunklen Weiden. Wenn Sie ein ähnliches Panorama malen wollen, beachten Sie bitte die perspektivischen Abstufungen genau. Himmelslicht kann immer wieder im Wasserbereich auftauchen, und auch die Baumkronen haben es eingefangen in ihrem dichten Gezweig. Wie bei den Weiden in den Märzbildern erscheint es unwesentlich, jedes Zweiglein zu zeichnen. Nicht das kleinste Detail ist wichtig für die Aussage eines Bildes, sondern die malerische Verdichtung des ganzen Gefüges.

Im Vordergrund des Bildes taucht Blühendes auf, antwortet auf die Farben der Hausdächer und auf den freundlichen rosa Streifen über ihnen. Dürre Brakenreste ganz vorn erinnern an die dunkle Jahreszeit. Wenn Sie ein Bild dieser Art malen, ist im nachhinein wenig davon erkennbar, wie viele Farbtöne Sie einsetzen müssen. Bei Ihren Versuchen werden Sie feststellen, daß die Kreiden eines zu kleinen Farbkastens meist nicht ausreichen, da das Mischen der Pastelle nur bedingt möglich ist.

Birkenwald

Ausgiebige Regenfälle, die eine Landschaft beinahe in einen Urzustand versetzen, können für einen Beobachter einen malerischen Reiz haben. So bleiben wir beim Thema: Regen im April. Die Birken stehen im Wasser, das der Regen hinterlassen hat. Ein paar erste Frühlingsblüten trotzen den Wassermengen. Heimgekehrt, bleibt in meiner Erinnerung diese gläserne, beinahe unwirkliche Baumwelt haften.
Als Malgrundlage nehme ich Velours-Papier, weil seine Oberfläche mit leichtestem Kreideauftrag bearbeitet werden kann – auf Wischtechnik wird weitgehend verzichtet.
Der bleiche Mond: Ich male ihn größer als in Wirklichkeit zu sehen, weil sein weißes Strahlen alles zu durchdringen scheint. Aus diesem Grund nehme ich auch hellere Farben. Dieser farbliche Umsetzungsprozeß vermag Irreales auszudrücken. Ich entziehe mich hier beim Malen der fotogenen Wirklichkeit und verschmelze die Formen des Waldes zu schemenhaften Gestalten. Von oben bis zum unteren Bildrand lege ich nun die sehr weichen Pastellkreiden über die gesamte Fläche, indem ich sie mit ihren Breitseiten waagerecht auftrage und dabei alle scharfen Kanten vermeide. Das ermöglicht einen nahtlosen Farbauftrag. Wenn ich auch auf das Verreiben der Kreiden im wesentlichen verzichte, so läßt der Untergrund es doch zu, daß ich an einigen Stellen die Kreidepartikelchen mit einem trockenen Pinsel verteile. Auf diese Weise kann ich die Farben von Himmel und Wasser bis in den Vordergrund hinein ineinander fließen lassen. Im Vordergrund bezeichne ich durch sparsame Linien und sattere Töne den Grund, wo die Bäume Halt suchen. Mit Pastellstiften und da, wo die Konturen deutlicher hervortreten sollen, arbeite ich mit den scharfen Kreidekanten. Wenn Ihre Kreiden vom Gebrauch keine Kanten mehr haben, können Sie mit rauhem Sandpapier die weichen Rundungen abreiben.
Im Hintergrund und im Mittelteil des Bildes zeichne ich die Strukturen der Birken ganz zart, um das leicht Schwebende auszudrücken und nur sporadisch die für die Birkenrinden dunklen Stellen anzugeben. Im rechten Vordergrund male ich diesen Baumcharakter deutlicher – hier trage ich die Kreiden entschiedener auf. Unter diesen vorderen Bäumen lasse ich auch einen Hauch von Spiegelungen zu. Der links plazierte Baum ist bizarr gebogen, als verwehre er den Eintritt in die gläserne Mondlandschaft. Seine Wurzeln male ich – vom Wasser unberührt – in den Olivfarben eines moosigen Grundes. Ein paar Farbtupfer ganz vorn sollen den Frühling und das baldige Blühen verheißen.
Sie sehen an dieser Darstellung, daß ein Landschaftsbild keine vorwiegend realistische Wiedergabe sein muß, sondern auch oder vor allem die Manifestation eines allzu flüchtigen Augenblicks, um ihn der Vergänglichkeit zu entreißen.

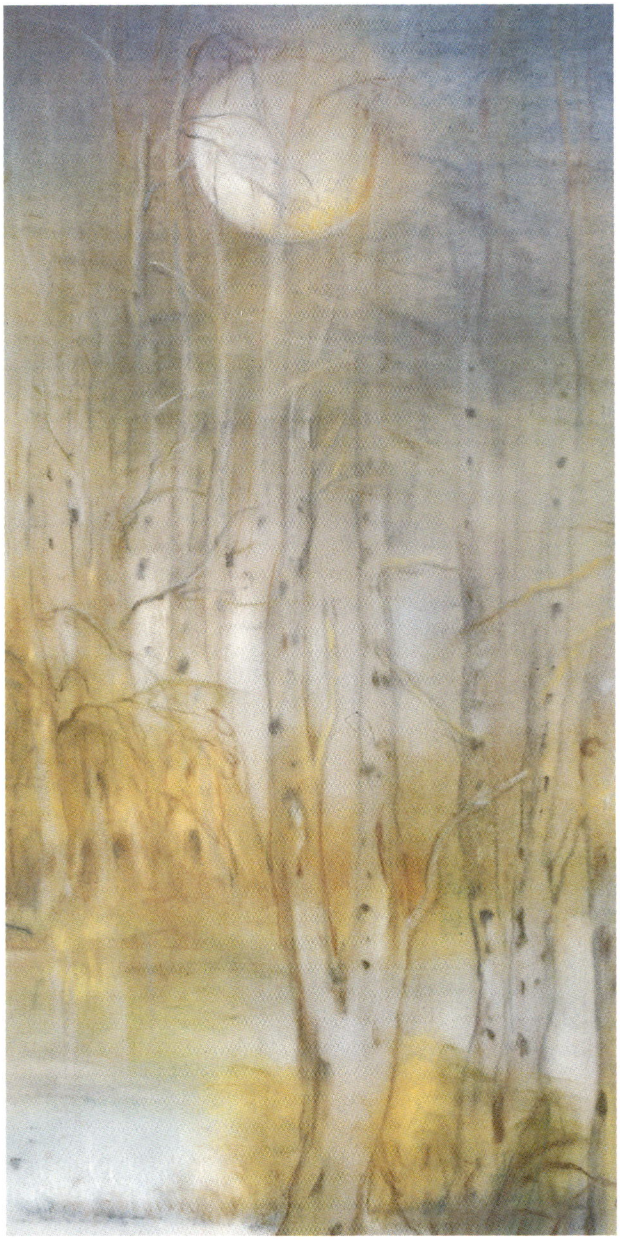

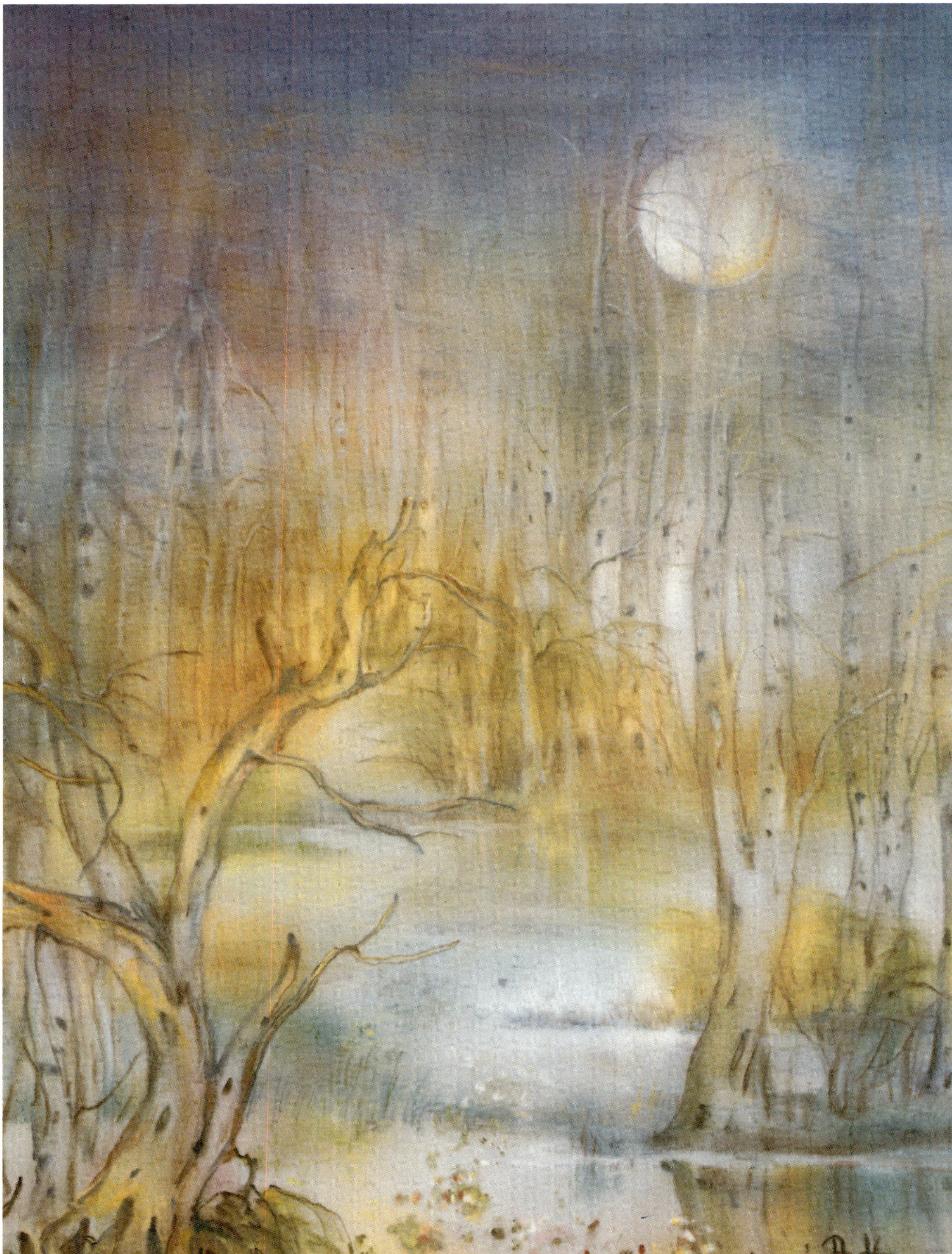

Mai

Frühling im Hochsauerland

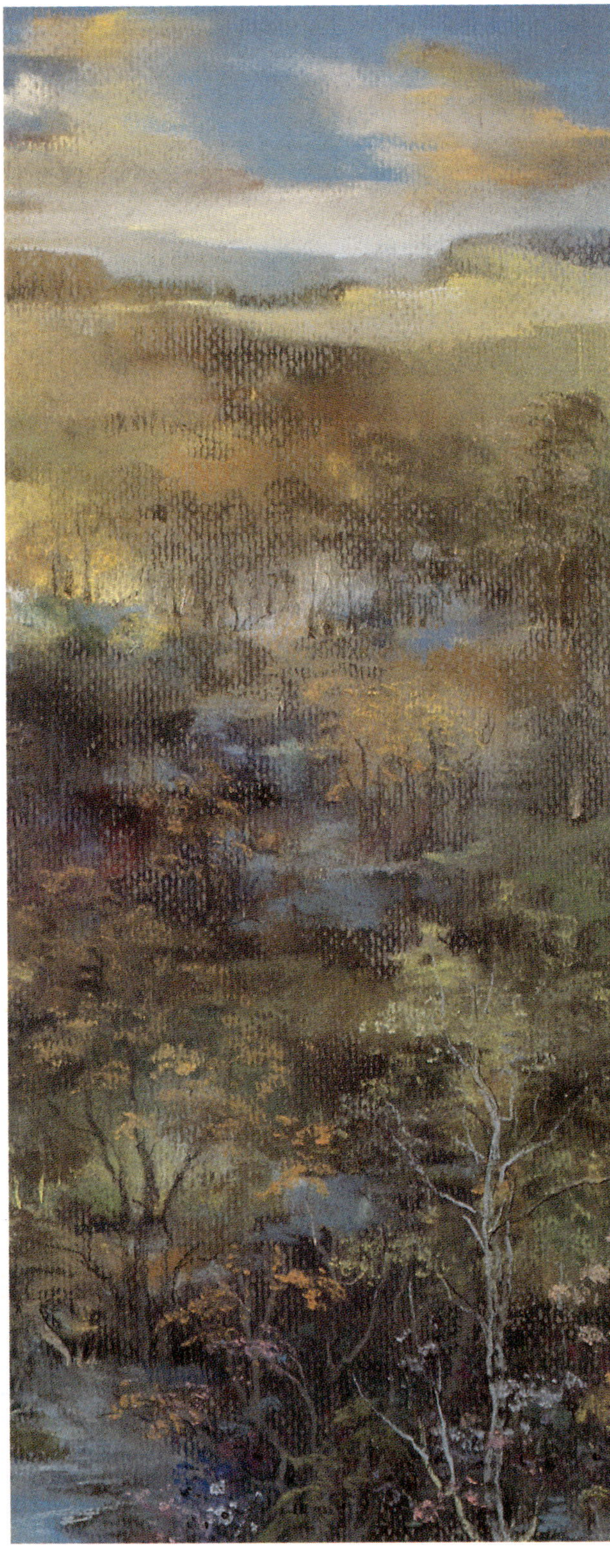

Anfang Mai beginnt die Natur aufzublühen. Das erste Maibild stellt das Hochsauerland im Frühling dar. Wieder spielt Wasser mit, nun nicht mehr überflutend, sondern gebändigt in Bächen, die munter den Mischwald durcheilen. Diesmal gestehe ich dem Himmel nur einen kleinen Ausschnitt zu. Es ist Nachmittag. Im tiefen Blau ziehen Wolken dahin, sie haben die Erdfarben von Land und Bäumen, obwohl die sinkende Sonne, im Bild unsichtbar, verantwortlich scheint für ihre Färbung.
Das Blau des Himmels kehrt in den Wasserläufen wieder, die sich im Hochland ihr Bett in den Waldgründen suchen. Das dichte Gewebe der Bäume mit ihrem aufbrechenden Laub zeigt eine so reiche Skala an Farben, wie sie nur im Frühling zu sehen ist – anders und satter dann erst wieder im Herbst. Unter den Wolkenkämmen, die ich, wie stets, zuerst male, „ducken" sich Hügel. Die Felder und Wiesen sowie die Baumzeilen am Horizont lege ich in den hellen Frühlingsfarben an, die diesem Monat vorbehalten sind. In einigen Baumkronen des dichten aufsteigenden Waldes wiederhole ich als Laubansätze diese Lichtfarben, obwohl im ersten Blätterschmuck der Wipfel Gelb und Ockertöne vorherrschen. Das Grün der schattigen Gründe vertiefe ich mit Violett und Blaugrau. Aus den dunkelsten Bereichen scheinen im Vordergrund Äste und helle Zweige auf, Knospendes male ich deutlicher und lasse dabei einige Blüten erkennen.
Dem Gewebe des dichten Waldes folge ich mit der ganzen Farbpalette meiner Kreiden, Erdflächen und Dickicht verschmelzen zu einer Einheit, blautöniges Wasser blitzt auf. Die Strukturen der Büsche, Bäume und Blüten arbeite ich mit Pastellstiften oder Kreidekanten, von Stelle zu Stelle gleitend, hinein und da, wo es mir angebracht erscheint, wird Blattwerk wieder partiell darübergetupft.
Vielleicht sollten Sie diesen Vorgang beim Malen eines dichten Waldgewebes zuerst auf kleinstem Format üben, damit Sie anschließend mit größerer Sicherheit ein ganzes Bild wagen können. Das Erlebnis eines Frühlingswaldes muß schon sehr intensiv sein, ehe Sie sich gestaltend einlassen in die wundersame Dichte von Wald und Flur. Mühsam scheint der Weg von den Grundstudien bis zum malerischen Erfassen einer Landschaft zu sein, aber es lohnt sich, wenn Sie die Malkunst ernstnehmen.

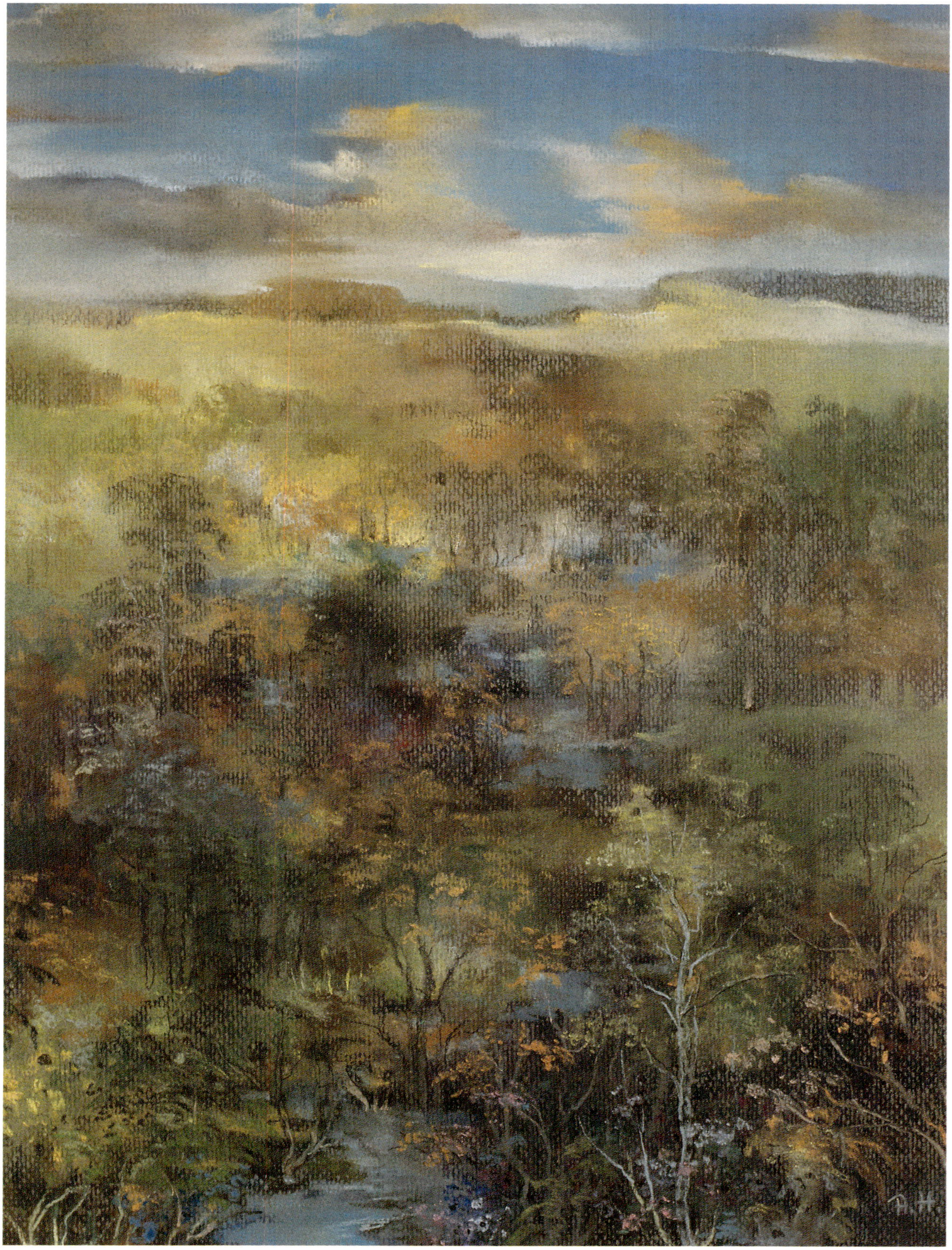

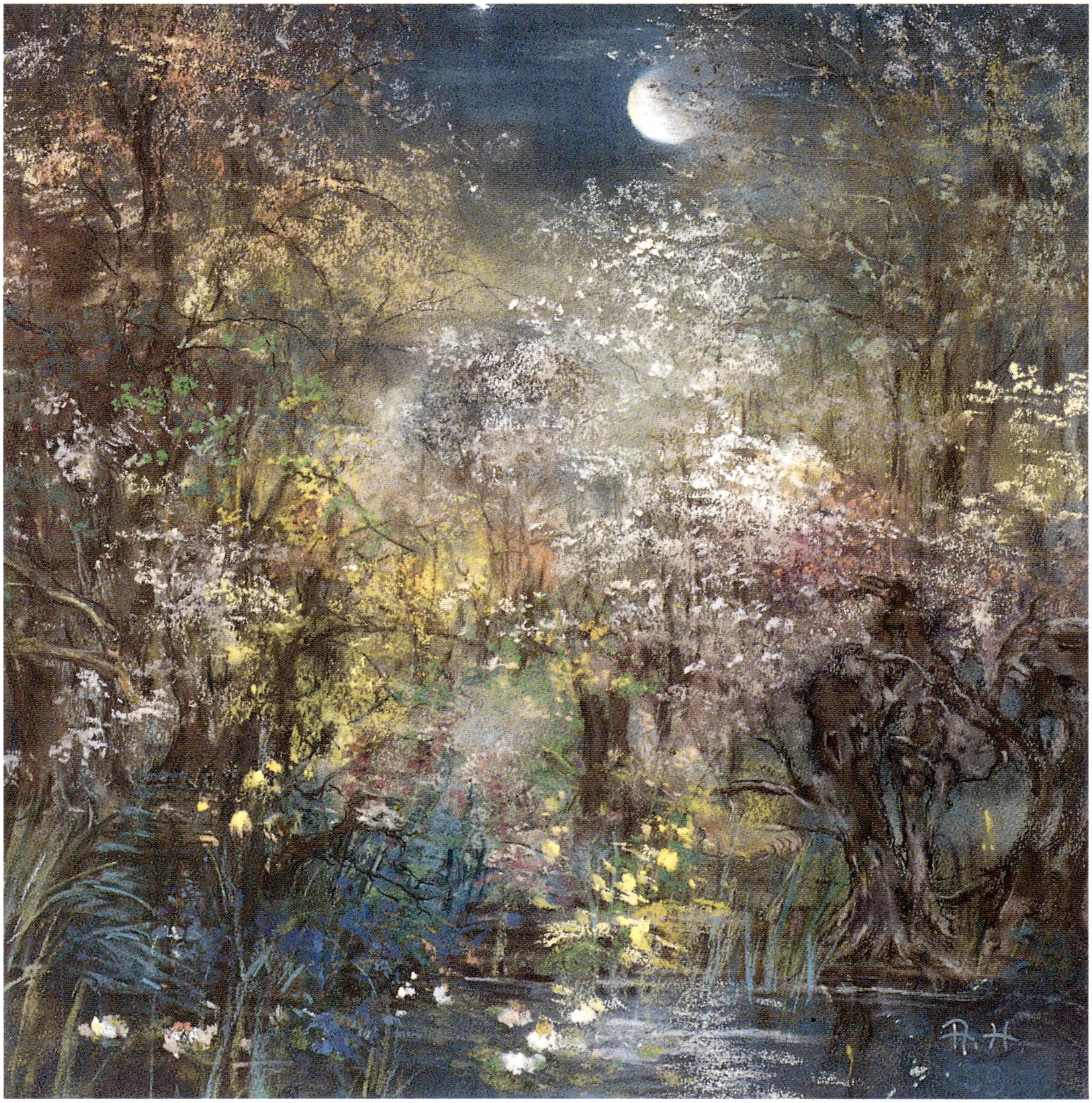

Frühlingsnacht

Auch dieses Bild hat das Motiv Frühlingswald zum Thema. Der Mai hat bereits seine volle Pracht entfaltet. Der im nächtlichen Blau aufsteigende Mond vermag die Waldszene sicherlich nicht so heiter zu beleuchten, wie ich sie gemalt habe. Bedenken Sie aber, daß in der Kunst ein Umsetzungsprozeß stattfindet: Wesentliches wird vertieft, Erlebtes verdichtet wie in den Versen eines Gedichtes. Das nicht enden wollende Blühen, hineindrängend in helle Nächte, soll denn auch in dieser Studie zum Ausdruck kommen.

Mit dem Himmel, die blauen Farben ineinanderreibend, und dem unter Zweigen halb verborgenen Mond mit samt seinen Lichtstreifen fange ich an. Über die schwärzlichen Baumstämme und Äste verteile ich mit den porösen Pastellkreiden verschwenderisch Frühlingsgrün und Blüten, an Iris und Seerosen erinnernd, im Vordergrund, wo Wasser von Schilf durchflochten dem dunklen Blau des Himmels antwortet.

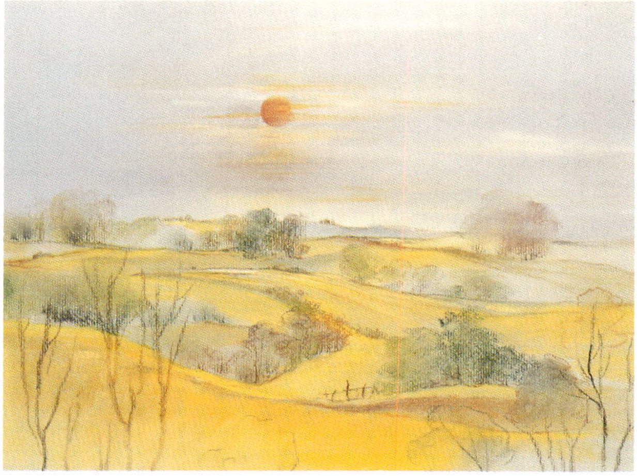

1. Schritt

Rapsfelder

Seit einigen Jahren wird in unserem Land wieder Raps angebaut. Wie kann man widerstehen, dieses blendende Gelb, das sich verschwenderisch über die Fluren verteilt, zu malen. Fast den ganzen Mai über bestimmt es die Landschaft. In sein strahlendes Leuchten sind Dörfer und saftiges Grün eingebettet. Mal ist der Himmel über den Feldern tiefblau, ein andermal antwortet er sanfter auf die pralle Pracht. Auf unserem Bild wölbt er sich im fahlen Blau-Grau, das eine sich neigende Sonne in ihrem gelblichen Umfeld durchbricht. Den Sonnenton wiederhole ich in den Farben der Hausdächer, die auf einem Hügel vor der rechten Waldzeile zu sehen sind. Eine blasse Hügelkette, grau-blau schimmernd, begrenzt das Panorama, das ich mit Gelb in allen möglichen Schattierungen bis zum fernsten Horizont male. Beim Anlegen der Felder muß man den Bewegungsablauf so gestalten, daß das Auf und Ab im welligen Hügelland erkennbar wird. Deshalb gleiche ich im Mittelteil die Äcker den Wellenbewegungen an und setze durch Streifen und Buschreihen Akzente bis zum breit hingelagerten Rapsfeld vor dem baumgesäumten Bachgrund. Unter der sich neigenden Sonne leuchtet das Gelb vom hellsten bis zu seinem dunkelsten Ton orange- und ockerdurchsetzt. Von der Rapsstruktur lasse ich nur ganz vorn ein wenig erkennen. Das übrige „Konzert" gelben Blühens male ich mit allen verfügbaren Kreiden dieser Tonart, immer wieder die lichtbeschienenen Flächen aufhellend. Dunkel eingelassen im Grund male ich das Bachbett. Nur wenig Licht erhellt seinen Lauf unter den Bäumen. Das Maiegrün durchsetze ich mit all den Farben, die diesem Frühlingsmonat vorbehalten sind. Sie ergeben einen guten Einklang zu Sonne und Hausdächern, so daß die laute Fröhlichkeit der gelben Rapsfelder beschwichtigt wird.

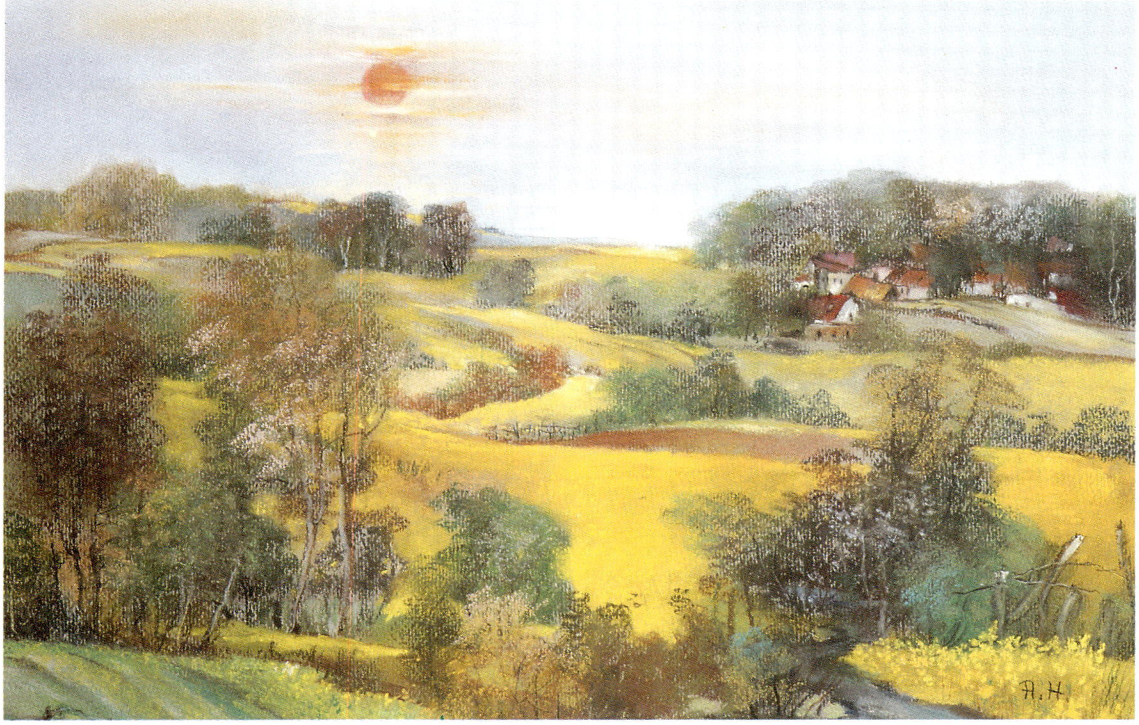

2. Schritt

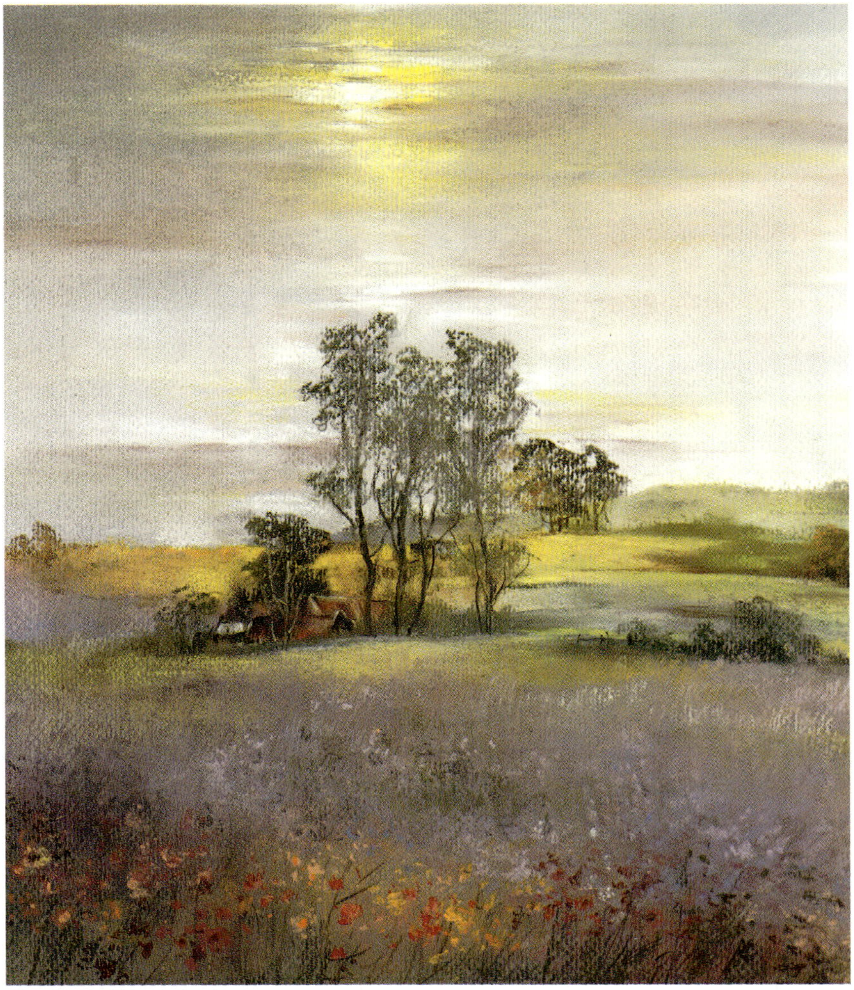

Juni

Phacelienfelder

Die Rapsblüte ist kaum zur Neige gegangen, schon blühen fliederfarbene Phacelienfelder auf. An Lavendelflächen der Provence könnten sie erinnern, jedoch bieten sie sich zarter dar, ordnen sich ein unter einem norddeutschen Himmel von verhaltener Heiterkeit. Den stillen Einklang von Land und Firmament an einem Frühsommermorgen versuche ich in diesem Bild festzuhalten. Der Himmel fügt sich bei diesem wunderbar in die Morgenstille ein. Unter den Streifen einer bleichen Sonne verreibe ich helles Grau, Rosa, Hellgelb und Violett, wiederhole diese Tonart etwas dunkler im Nebelstreifen über dem gelben Rapsfeld am Horizont links, das eben zu verblühen scheint. In den rechten oberen Bereich arbeite ich etwas Hellblau, aber nur so verhalten, daß es den Tenor dieses Bildes nicht stört. Die stille Weite des mit wenigen Blumen bepflanzten Hügellandes gleiche ich diesem sanften Farbcharakter an, nur ganz rechts lasse ich in den aufsteigenden Wald sattes Sommergrün ein. Mit wenigen Strichen begrenze ich Felder und Wiesen. Links unter Bäumen sind die Dächer eines Gehöftes abgebildet. In Rot und Ocker gehalten, kann ich durch ihre Größenverhältnisse anzeigen, wie weit sich das Phacelienfeld vor meinen Augen in Länge und Breite ausdehnt. Das gelb-grünliche Schimmern der Wiesen auflösend, versetze ich in weichen Übergängen helles Grau mit lilafarbenen Kreiden, die ich nach und nach zum Vordergrund hin verdeutliche in Farbauftrag und Struktur bis zur genaueren Zeichnung der angrenzenden Wiesenblumen. Ich unterbreche die violette Stufung mit Farbakzenten in Grün, Gelb und Weiß und lasse leuchtenden Mohn mit Sonne, Hausdächern und Rapsfeld korrespondieren.

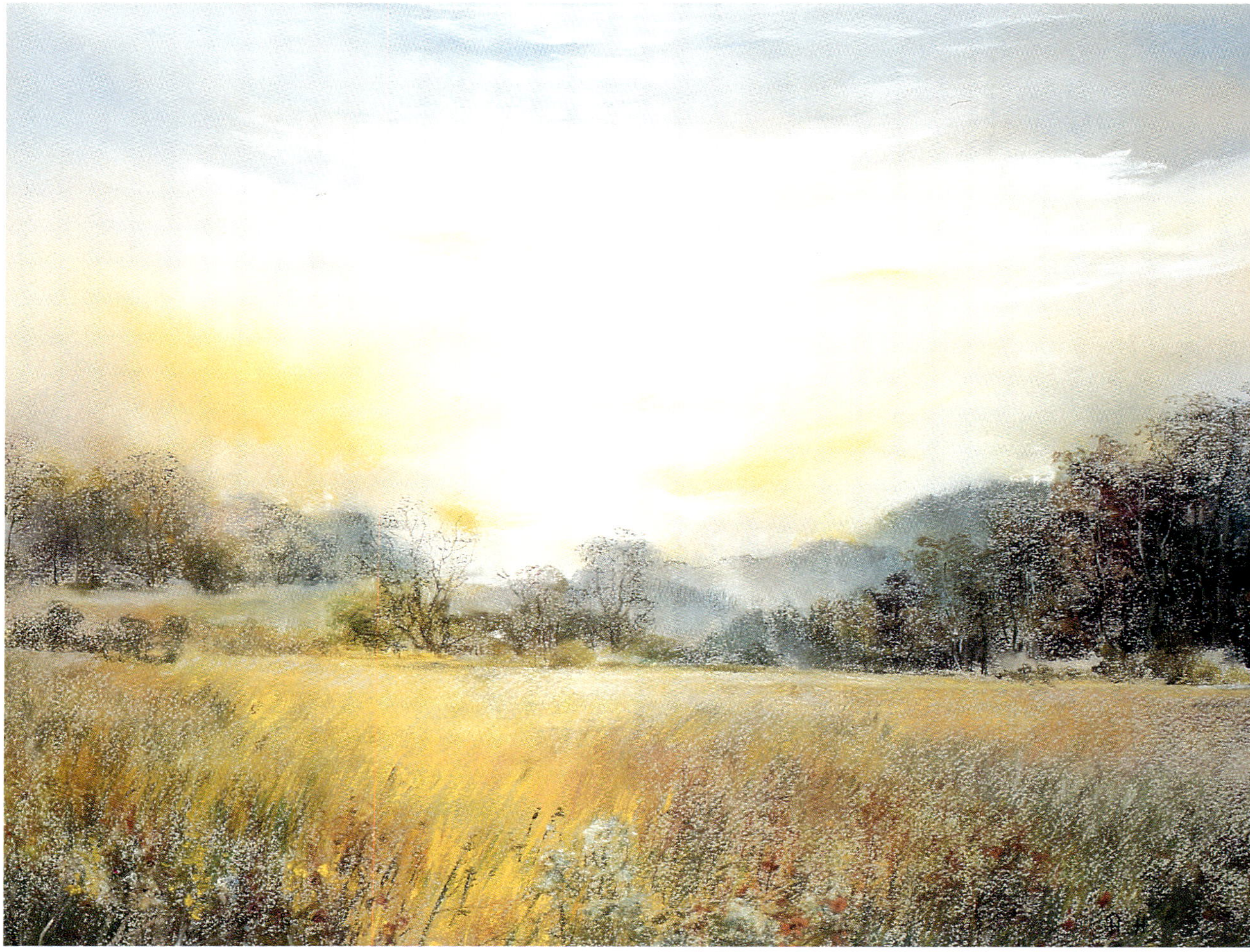

Sommerwiese

Blühendes unterm Junihimmel soll ein weiteres Mal Thema eines Bildes sein.

Nachmittagslicht überflutet eine blühende Sommerwiese, die sich vor Wäldern und Baumgruppen bis in weit schimmernde Ferne ausstreckt. Den Himmel male ich heiterer als zuvor. Er wölbt sich in hellen Sonnenfarben über dem Land. Ich male sie bis zur blau-grauen Streifung des oberen Bildabschnittes. Bei vorangegangenen Darstellungen habe ich detailliert beschrieben, wie Sie Hügel, Baum und Busch mit Pastellkreiden malen können.

Wechselndes Licht und unterschiedlichste Färbungen im Verlauf der Jahreszeiten bestimmen die Auswahl Ihrer Farbpalette. So wird sich das Nahen des Sommers im satteren Grün zeigen, freilich immer wieder durchsetzt mit Begleittönen, wie zum Beispiel hier rechts im Bild durch die Blutbuchengruppe. Das Waldesdunkel können Sie jederzeit durch helle Zeichnung von Baumstämmen auflockern.

Wesentlich beim Malen dieses Bildes ist das Einfangen des Lichtes in den Wiesen, die ich wieder in stufigen Übergängen male. Eine Fülle von blühenden Gräsern und Blumen webt die Sommerwiese bis an die fernbegrenzenden Baumzeilen. Der maltechnische Vorgang ähnelt in der Ausführung der vorangegangenen Abbildung. Eine kräftigere und buntere Farbmischung macht den Unterschied aus und antwortet auf das intensive Leuchten über dem Land.

Juli

Felderlandschaft

Eine Felderlandschaft mit reifenden Kornfeldern soll das nächste Thema sein. Von einem vorgelagerten Hügel aus lasse ich das sonnendurchglühte Panorama, das sich in scheinbar unendlicher Weite vor mir ausbreitet, auf mich wirken. Diese Ausarbeitung ist eine gute Übung in der Landschaftsperspektive. Bildhaft gesehen verkleinern sich die Erdformationen von Parzelle zu Parzelle, obwohl sie in Wirklichkeit einander ähnelnde Größenverhältnisse haben. Die Linien und Farbperspektive habe ich zwar bei den bisherigen Beispielen beachtet, aber in dieser Ausführung werden sie besonders gut deutlich.

Von meinem erhöhten Standort aus blicke ich über die sich stets verjüngenden Flächen der Wiesen und Felder. In der grafischen Aufteilung muß ich in der Linienführung mal weicher, mal kräftiger arbeiten, um Nähe und Ferne zu bezeichnen und um die Schnittpunkte zu unterbrechen. Die Empfindung des Landschaftsraumes teilt sich außer in den bewegten, sich verjüngenden Linien natürlich auch im Farbaufbau mit. Die Weite des Luftraumes wird durch die vorherrschenden Lichtverhältnisse mitbestimmt. Aufhellungen im jeweiligen Farbton geben einfallendes Licht an. Im Erdbereich können Sie die Krümmung einer Fläche durch sparsamen oder starken Farbauftrag anzeigen sowie Nähe und Ferne deutlich machen.

Ich habe in dieser Studie den Sommerhimmel durchwebt mit den Sonnenfarben reifenden Korns und die Aufhellungen über der Horizontlinie im weichen Verlauf der Hügel wiederholt. Licht zeigt sich auch auf den fernsten Feldflächen und den Wegen, die sich durchs wellige Land schlängeln. Wegabschnitte, die nicht zu sehen sind, tauchen, sich krümmend und zum Vordergrund hin breiter werdend, wieder auf. Mit den Größenunterschieden von Wegen, Bächen, Buschreihen und Bäumen, bestimmen Sie, wie weit sich die Landschaft vor Ihnen ausdehnt, ja, wie weit Ihr Standort von dem Panorama, das Sie malen wollen, entfernt ist. Von einem Hügel oder Berg aus gesehen, scheint das vor Ihnen liegende Land weit zurück zu liegen, während es aus einer Talsenke oder von einem Feldrain aus, in unmittelbarer Nähe zu sehen ist.

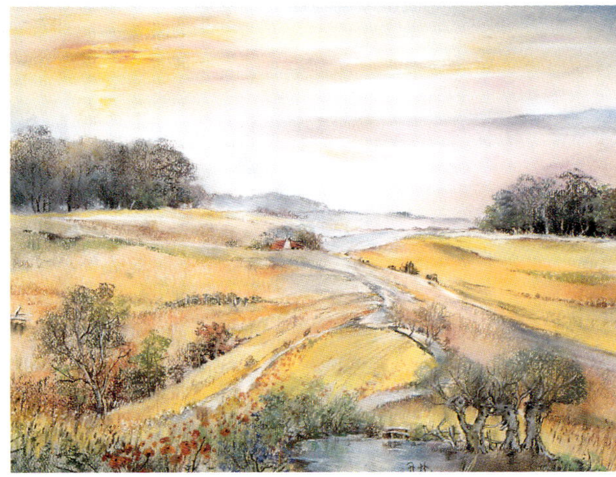

In diesem Bild sehen Sie die Dächer eines Gehöftes in einem Talgrund liegen. Wie zuvor im Phacelienbild bestimme ich in ihren Größenverhältnissen zum umliegenden Land die räumliche Ordnung. Die Farben korrespondieren dabei wiederum mit der roten Sonne.

Indem ich mich beim Malen der Felder dem Bildvordergrund nähere, zeichne ich Ähren und Gräser ein. Blühender Mohn schmiegt sich den Weg hinan. An den sich stetig vergrößernden Blüten, die nur ganz vorn im Bild ihre Eigenart deutlich zeigen, können Sie den Wegverlauf und den Umfang des bis an den Weiher reichenden Kornfeldes erkennen. Die Strukturen der Büsche und Bäume in unterschiedlichen Größen unterstreichen den perspektivischen Verlauf. Die beiden rechts und links dem Horizont vorgelagerten Waldstücke scheinen im Verhältnis zu den Bäumen im Vordergrund recht groß. Mit ihnen grenze ich das Panorama schützend ein und die Landschaftsweite wird umfriedet.

Beim stufenweisen Aufbau einer Landschaft spielen die Lichtverhältnisse eine wichtige Rolle. Ob sich das Land ausbreitet unter dunstigem Himmel, wo Nähe und Ferne verschmelzen und die Farben weicher erscheinen, oder ob der helle Schein eines Gestirns, ein tiefblauer Himmel, Klarheit verheißen, beeinflußt die räumliche Darstellung beim Malen. Das wird recht gut zu erkennen sein bei der nächsten Abbildung.

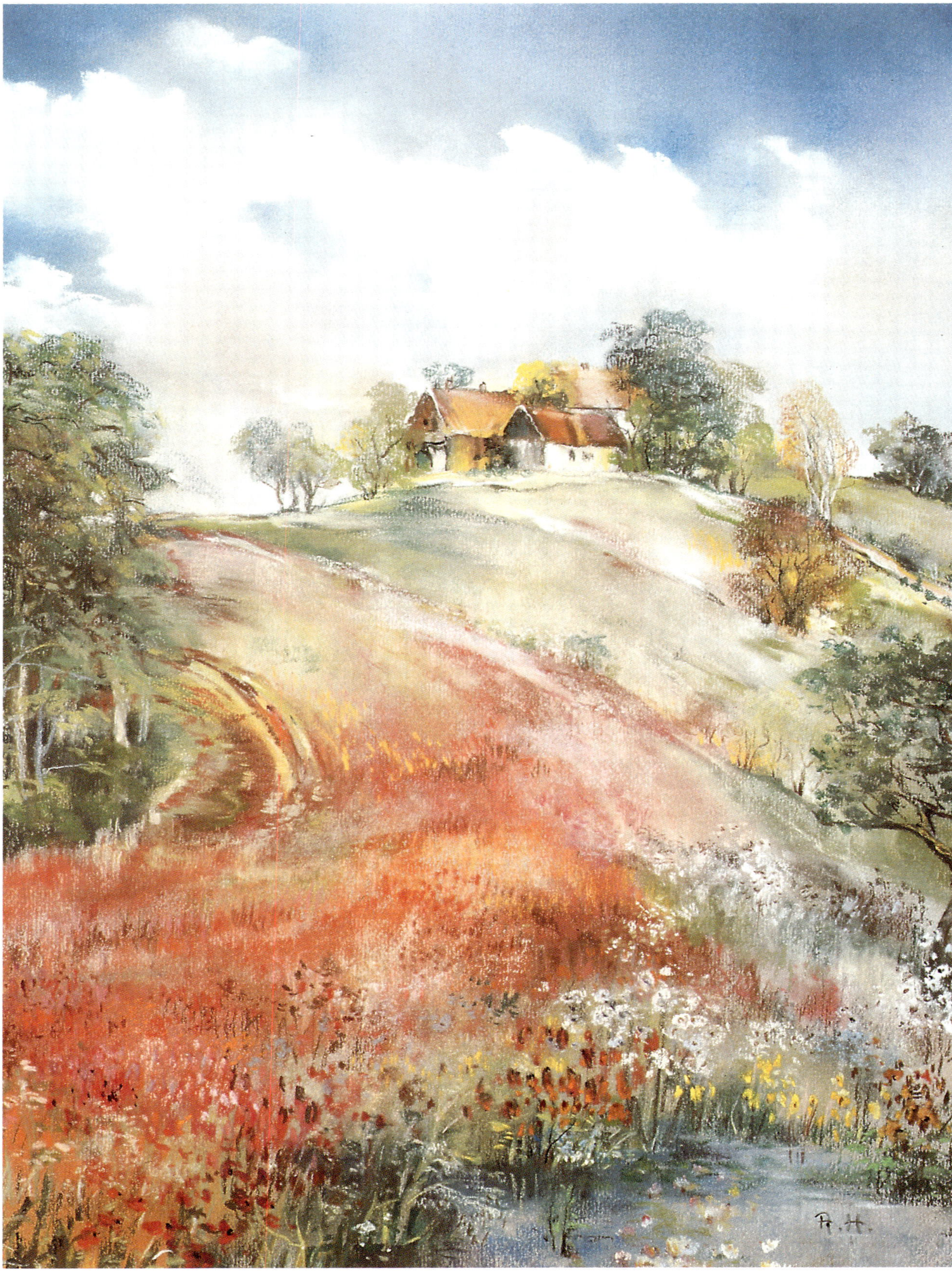

Kleefeld

Ein blühendes Kleefeld streckt sich hier bis zum Horizont ansteigend aus. Es wird durch die Häuser eines Bauernhofs auf der Höhe über den Feldern begrenzt. Der im Ansatz klarblaue Himmel mit seinem weiß-grauen Wolkenzug, in den ich nur ganz wenig vom Schein der rötlichen Felder setze, wölbt sich dicht über der Anhöhe. Abfallend zu meinem Platz vor dem Blumenrain neigen sich die Kleefelder auf mich zu.
Das dichte Gewebe von Klee und Wiesenblüten engt den Blick ein. Das ansteigende Land hat, bestimmt durch meinen Standort im Wiesengrund und durch die farblichen Verdichtung des Himmels, nicht die unendliche Weite der ersten Felderlandschaft. Das Blütenmeer atmet Nähe. Seine intensiven Rottöne verfeinere ich zum Hintergrund hin in Farbgebung und Struktur. In gekrümmter Linienführung zeichne ich die Feldbegrenzungen wesentlich stärker abfallend als bei den breiter hingelagerten Formationen des vorigen Bildes. Auch hier zeigen die Häuser, als Begrenzung und Staffage gedacht, die Größenverhältnisse im Bild an. Ein kleiner Teich mit Wasserrosen unterbricht das Blütengewebe im Wiesengrund. Baumgruppen zu beiden Seiten der Felder in saftigem Grün mildern und begrenzen das tiefe Rot des Klees.

Seerosen

Im dritten Bild dieses Monats möchte ich Ihnen an einem Beispiel zeigen, wie sich die reine Empfindung einer kleinen blühenden Welt malerisch ausdrücken läßt. Für diese Studie war der Eindruck eines blumenübersäten Grundes im dunstigen Abendlicht maßgebend. Die Landschaft ist hier aufgehoben in Blumenfarben und Licht. Keine Trennung von Himmel, Erde und Wasser ist zu sehen. Aus vorderem Grund lösen sich Wasserrosen, soeben noch erkennbar in ihrer Struktur, blumig auf bis hin zu einem Gestirn im blau-violetten Umfeld. Es könnte sowohl der Mond als auch die Sonne sein. Das Licht kehrt überall im Blütenteppich wieder. Im Dunstgewebe der Farben ist nicht auszumachen, wo Wasser und Wiese einander begegnen, wo das Firmament beginnt.
Im wesentlichen auf Strukturelles verzichtend, intensiviere ich den Farbcharakter im auflösenden Licht. In dieser Weise ist ein starkes Erlebnis, über das visuelle Gedächtnis hinausgehend, in malerischer Verdichtung aufgehoben. Eine naturgetreue Ausführung der Blumenformen wird überflüssig, ja, sie würde die bildliche Aussage stören. Letztendlich kann der Verzicht auf eine realistische Wiedergabe ins Abstrakte münden. In dieser Arbeitsweise möchte ich Ihnen das nächste Bild vorstellen und erklären.

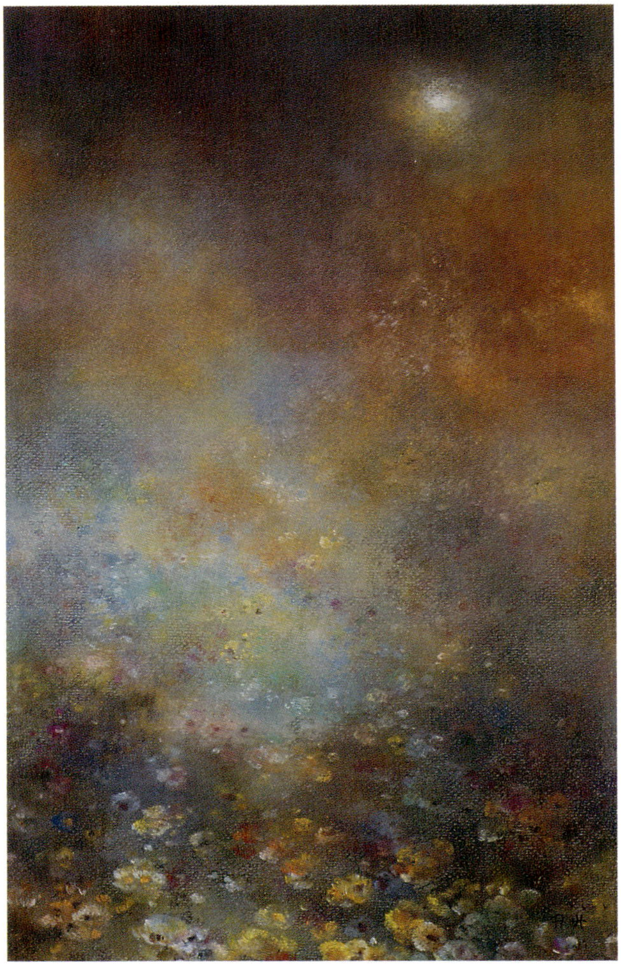

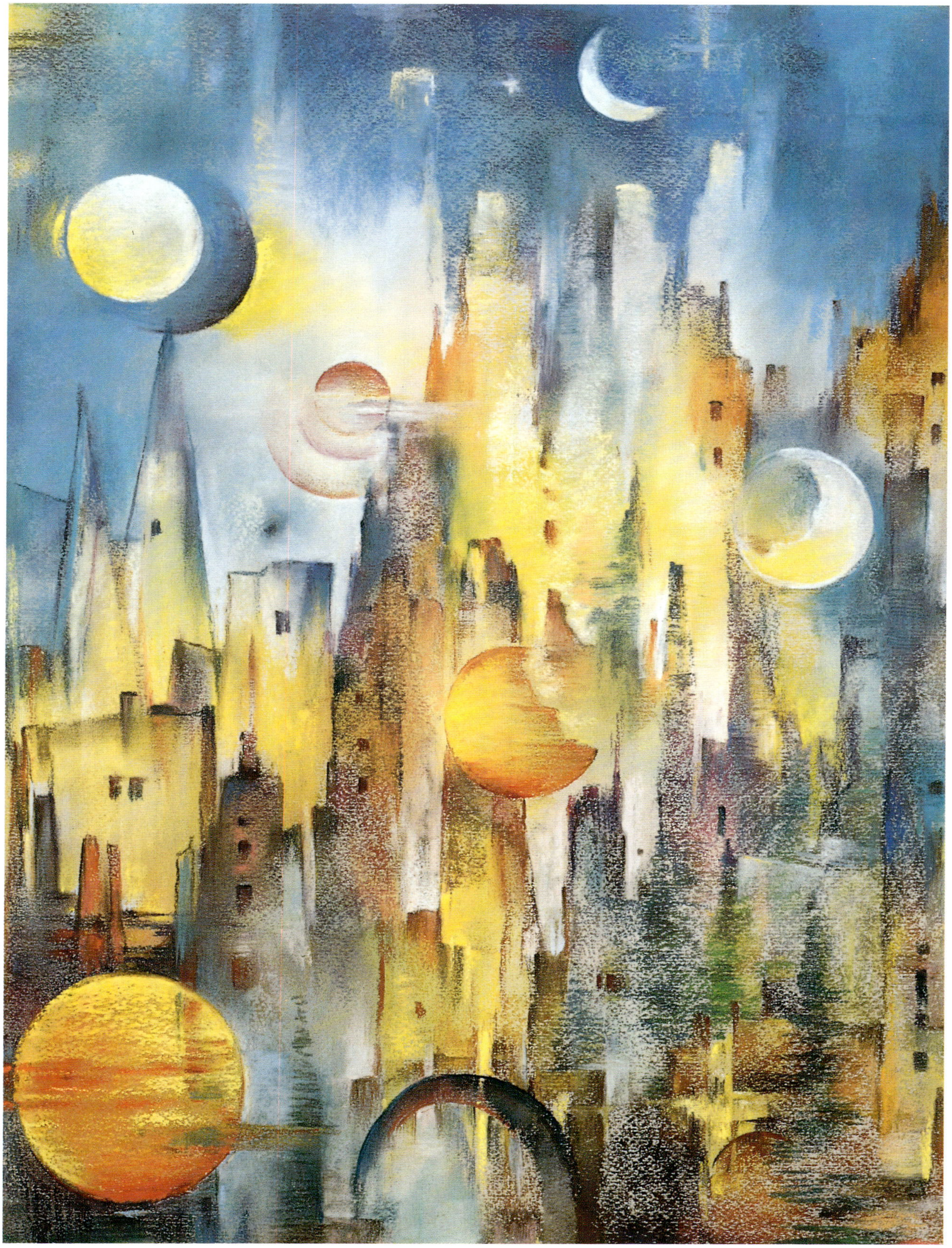

August

Stadt der Gestirne

Wenn Sie nach einem heißen Sommertag aus der Stadt heimkehren, könnte es wohl sein, daß Bruchstücke der Erinnerung an architektonische Formen eine Symbiose eingehen mit den auf- und absteigenden Gestirnen, deren blendendes oder verhaltenes Licht die Eigenart der einzelnen Gebäude aufheben kann. Formen und Farben verschmelzen zu einem Bild, indem die Eindrücke des Tages, beeinflußt von Hitze, Staub und Müdigkeit, verwandelt wiederkehren können. Da wird es unwesentlich, welche Stadt denn nun gemeint ist – solche Dokumentationen kann man heute der Fotografie überlassen.
An dieser Stelle möchte ich jedoch an die Städtebilder aus vergangenen Jahrhunderten erinnern. Da sind die großartigen Darstellungen von Venedig, die Canaletto im geradezu fotografischen Realismus malte, oder Jan Vermeer, dessen Ansicht von Delft unter drohenden Regenwolken so eindrücklich niederländische Stimmung zeigt.
Bei C. D. Friedrich sehen wir die Stadt in atmosphärischer Verwandlung. Greifswald erscheint visionär, eingelassen in beseelte Natur.
Romantische Empfindungen sind ja nicht nur dem Land vorbehalten, auch eine Stadt kann dieses Erlebnis auslösen, wenn man das Wort „romantisch" nicht in oberflächlichem Sprachgebrauch benutzen will.
Vielleicht finden Sie es verwunderlich, daß ich in meine abstrahierten Gebäudekomplexe Sonnen und Monde hineinmale. Sie können die sieben Gestirne in der Zahlensymbolik verstehen. Sie erheben sich in die Blaugründigkeit eines Himmels, gehen ein ins Städtische und sinken nieder. Ihr Licht ist überall dominant – die ganze Skala der blauen Tönungen im Firmament kehrt verschmelzend wieder. Eingewebt ins Städtische mildern sie die grellen Sonnenfarben, die ihrerseits wieder auftauchen im Bereich des Himmels.

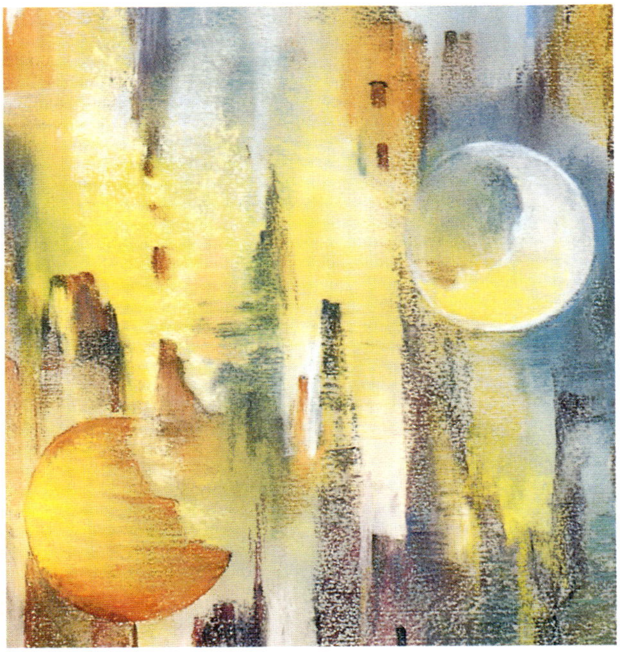

Sommermorgen in Umbrien

Dem Monat August möchte ich noch ein zweites Städtebild zuordnen. Sommer in Umbrien: Im Morgendunst vor Beginn der Tageshitze zeigen sich die in die Hügel und Berge aufsteigenden Häusergruppen schemenhaft. Ich male diesmal nach der zeichnerischen Bestimmung der Horizontlinie das Städtische zuerst, indem ich die spielerisch ins Land verstreuten Gebäude von oben nach unten arbeitend in Farbe und Kontur deutlicher ansetze, je weiter sie den Bildvordergrund beherrschen. Im linken Mittelteil konzentriere ich Sonnenfarben, einen heißen Augusttag vorwegnehmend.
Schattiges, ohne konkrete Ausführung, siedele ich durch dunkle Farbtöne im rechten Vordergrund an. Ich vermeide hierbei alle starken Kontraste, weil ich den Zauber des frühen Lichtes mit seinen Nebelstreifen in den Bergen nicht aufheben möchte.
Dieser Klang setzt sich im Himmelsgewölbe fort. Blau-graue Nebel, mit zarten Lichtern belebt, steigen auf zu einem pastellfarbenen Sommerhimmel und stimmen in die Farben der Stadtlandschaft ein. Andeutungsweise male ich, die Kreiden nahtlos verreibend, einen Lichtpunkt ins Firmament, der Phantasie des Betrachters überlassend, welch ein Gestirn die Nebel hier durchbrechen.

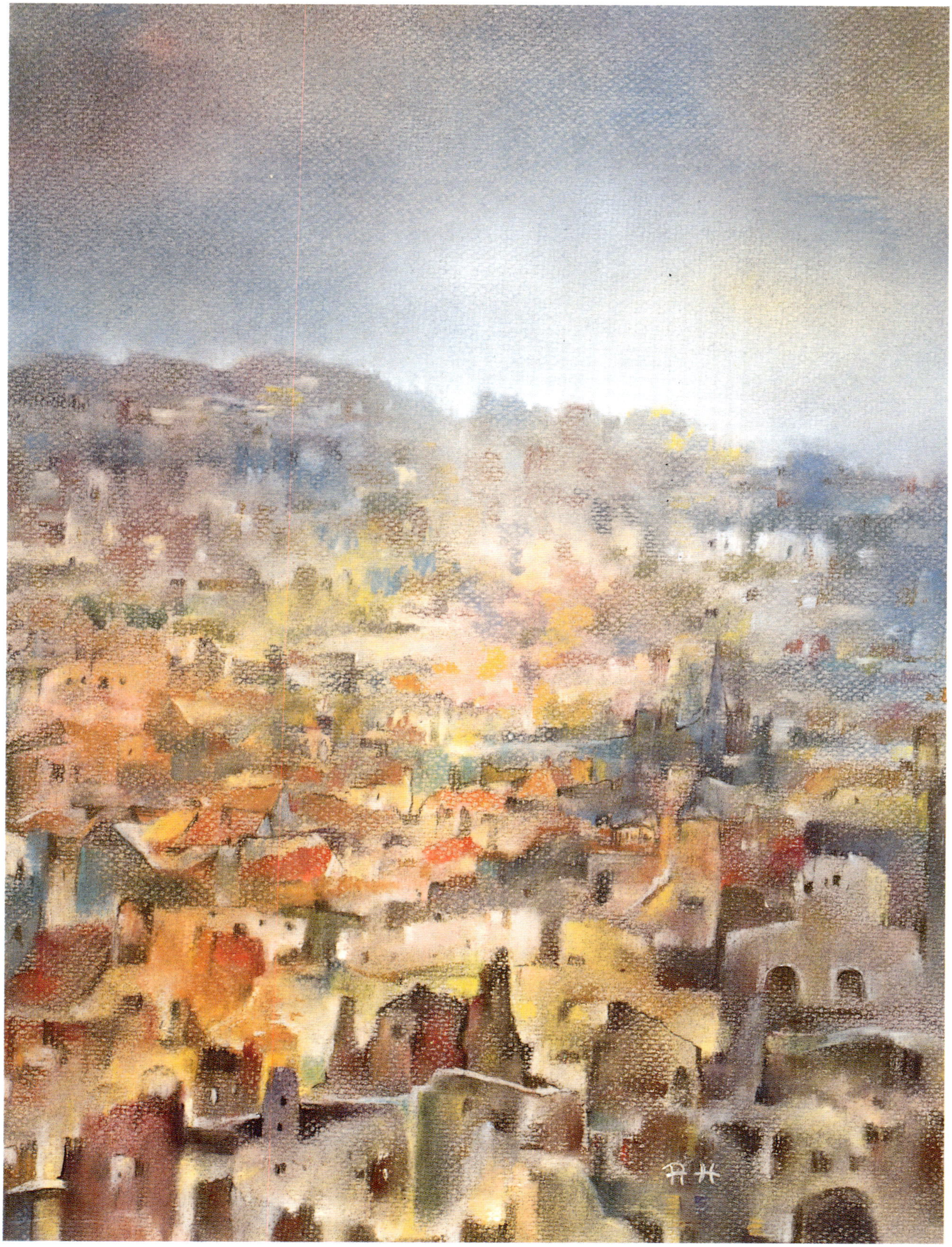

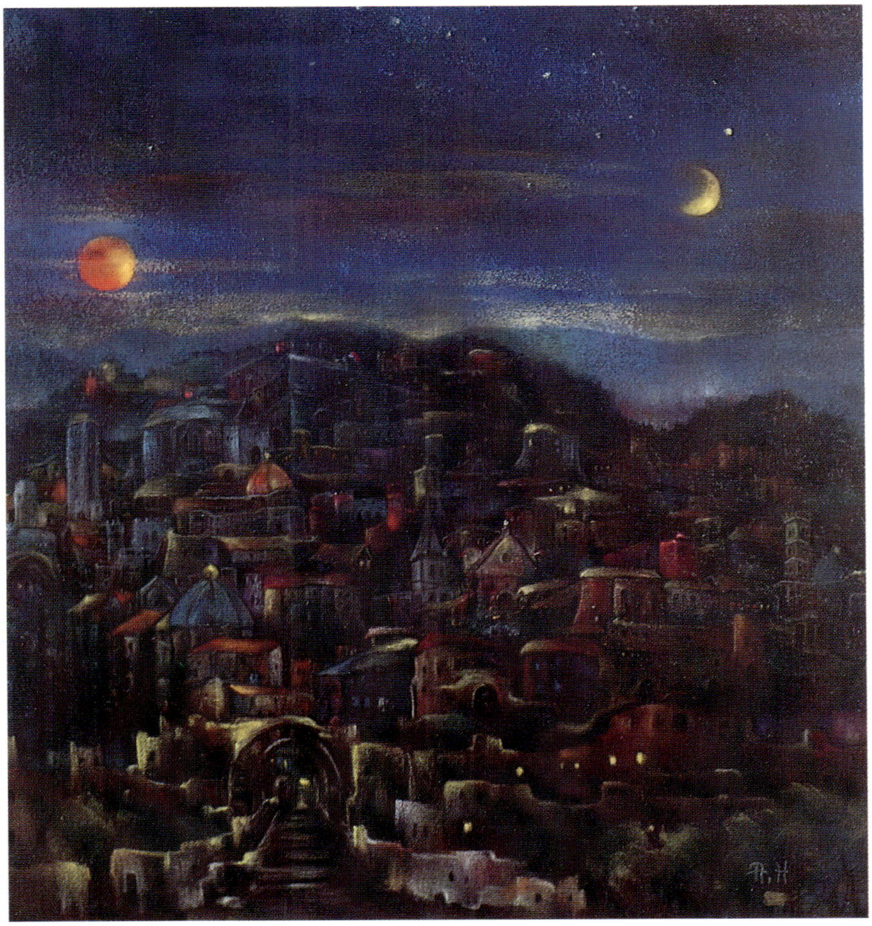

Assisi bei Nacht

Eine Augustnacht in Assisi soll die Reiseerinnerungen durch städtische Landschaften beschließen.
Um den Schmelz der Nacht hervorzuheben, nehme ich als Malgrund das samtige Velourspapier, und zwar in seinem dunkelsten Ton. Tiefe Blaukreiden schichte ich auf beim Malen des Himmels und verdichte mit Violett und Dunkelrot die Nachtfarben, indem ich die weichsten Kreiden mit ihren Breitseiten benutze. Im Umfeld der Gestirne setze ich Helligkeit in Streifen ein. Bedenken Sie, daß Malen auf diesem Papier ein Verreiben der Farben kaum zuläßt. Ein unentschiedenes Probieren beim Kreideauftrag ist nicht gut möglich. Während sich die glutrote Sonne abschiednehmend dem Horizont zuneigt, steigt die Mondsichel auf in Begleitung des Abendsterns. Den aufschwebenden Sternreigen male ich mit weißen Kreidetupfern bis zum oberen Bildrand.
Nun die Stadt: Im umbrischen Bergland lagert sie auf einem Hügel im Dunkel der hereinbrechenden Sommernacht. Mit ihren Kuppeln, Türmen und Dächern fängt sie noch ein wenig Sonnenglut ein, Mondlicht und Sternenschein antworten, alles eingeschmolzen in den Farbkreis von Mauern und Gebäuden. Mit wenigen gelben Lichtpunkten signalisiere ich, daß die Stadt von Menschen bewohnt ist. Ich brauche fast alle verfügbaren Kreidetöne, um das Auf und Ab der Paläste, Kirchen und Häuser wie einen samtenen Teppich zu weben. Mit ein paar nachtschwarzen Pinien, vom Mond beglänzten Baumkronen vor und hinter den Mauern des Vordergrundes, bereichere ich die Architektur. Eine Treppe, durch einen Mauerbogen weisend, scheint die Besucher einzuladen, in das geheimnisvolle Dunkel dieser italienischen Stadt einzutauchen.
Beim Aufbau der Gebäudekomplexe lasse ich insofern Willkür walten, als ich keine präzis auf Assisi hinweisenden Akzente setze. Beim malerischen Gestalten können Prozesse stattfinden, in denen die sichtbare Wirklichkeit verwandelt wird, sich konzentriert auf ein inneres Bild. Seine Wiedergabe ist geprägt vom persönlichen Eindruck des Malers.

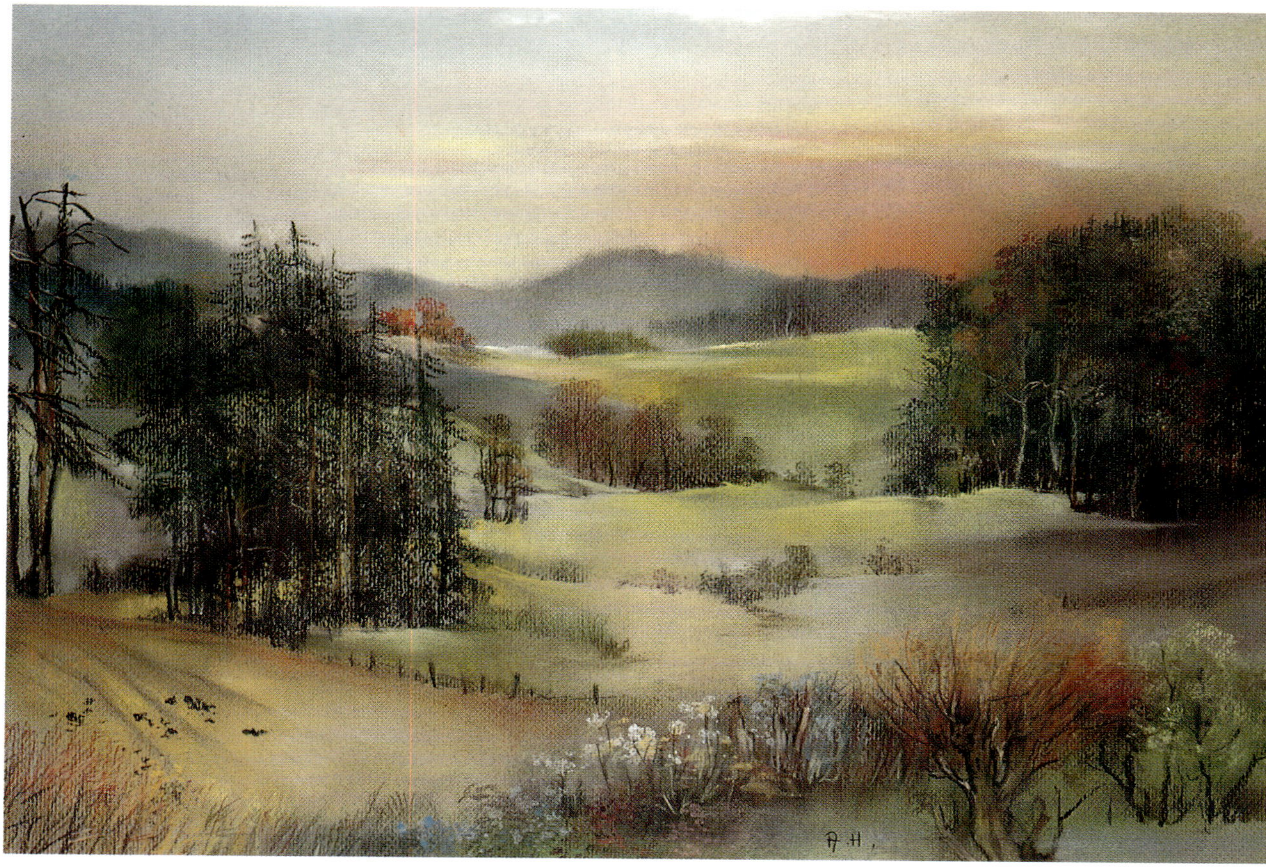

September

Abendrot

Wenn die Ernte eingebracht ist und die Felder brach liegen, sind auf dem Land die ersten Spuren des nahenden Herbstes zu sehen – der Sommer verabschiedet sich. Das ist eine gute Zeit, draußen zu malen. Die Abende im September atmen einen Hauch von Melancholie. Darin eingestimmt, versuche ich die Zeichen im Wechsel der Jahreszeit darzustellen, wie Sie es in den beiden folgenden Studien sehen können.
Am oberen Rand beginnend, mische ich die Farben über der im Nebel liegenden Bergkette derart, daß vom Rosaton des Abendrots überall im Himmelsgewölbe Spuren auftauchen. Gelb und Orange entleihe ich der untergegangenen Sonne, zwei weiße Streifen erinnern an den Tag. Vor den blau-grauen Bergen habe ich, ins Violette übergehend, Wald gezeichnet. Ein Tannenwald in Oliv, eine Blutbuchengruppe – mit dem Abendrot korrespondierend – begrenzen die Felder, deren Verlauf ich weniger in der Linienführung als in farblichen Schattierungen anzeige. Schwindendes Tageslicht liegt über den Fluren. Ich verreibe auf diesen Flächen die Kreiden so sanft, daß der Eindruck entsteht, Abendnebel habe sich auf Wiesen und Feldern niedergelassen. Mit Baumgruppen in den ersten Anzeichen des Herbstes teile ich die Landschaft auf und bestimme durch sie die Weite des Landes bis hin zum Vordergrund. Eine Zaunreihe grenzt das linke Stoppelfeld ab. Krähen haben sich auf dem Acker niedergelassen, um nach Kornresten zu suchen. Auch sie stimmen in den frühen Herbst mit ein.
Dicht vor meinem Arbeitsplatz stehen die letzten Wiesenblumen des Sommers. In ihren Farben wiederhole ich die wenigen Spuren von Blau und Weiß des Abendhimmels. Hinter der schwärzlichen Fichtengruppe links lasse ich letztes Sommergelb auftauchen und der Weidenkopf erhält einen Abglanz vom Abendrot im Gezweig. In schwächerer Tönung setze ich von diesem Farbklang im Nebelhauch über den Wiesen kleine Spuren.

Sie sehen an diesem Bild, daß bei aller Vielfarbigkeit in Wald und Flur der Zusammenklang von Himmel und Erde gut zum Ausdruck kommt.

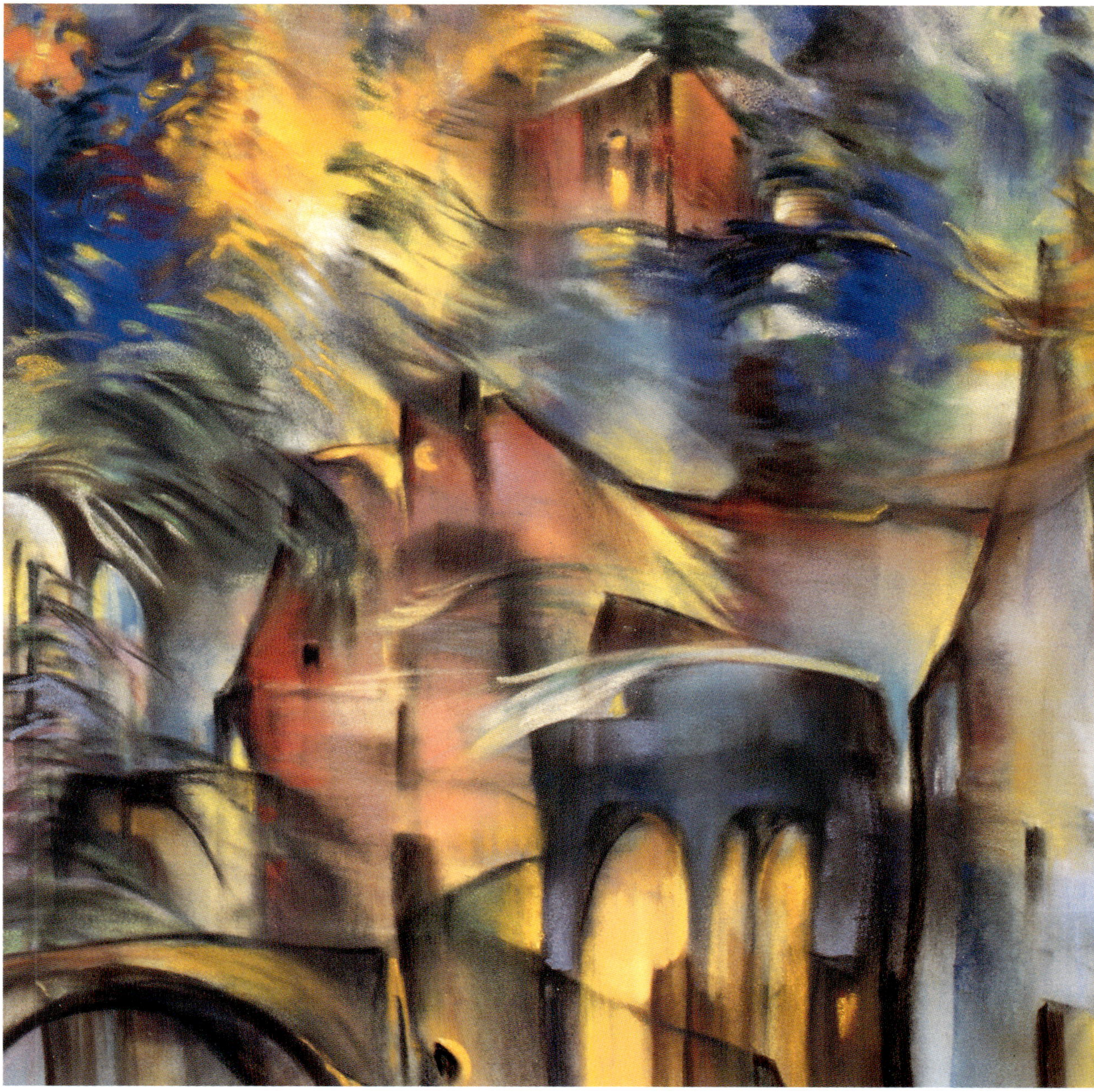

Oktober

Herbststurm

Die Studie „Herbststurm" trägt wenig reale Zeichen. Bei diesem Bild male ich im Farbkreis des Herbstes, wobei ich, den Sturm empfindend, die Farben in großzügigen Schwüngen über die Bildfläche lege. Die Farben schwingen um und durch die Gebäude, die ich durch Bögen und senkrechte Linien mit schwarzer Kreide kennzeichne.
Die rudimentären Konturen von einer Kirche, von Brücken und Behausungen setze ich dem Sturm entgegen, aber nicht als einen Hort des Bleibens. Gläsern und zerbrechlich in ihrer Darstellung, erwecken sie Zweifel an Standhaftigkeit und Schutz.
Der Oktober bietet natürlich auch schöne und heitere Tage. Den sanften Charakter der Stille habe ich in den Herbststimmungen des Septembers vorweggenommen, so daß sich weitere Aufzeichnungen erübrigen. Es gibt in diesem Monat eine Fülle von Motiven, aus denen Sie, je nach Art Ihres Empfindens, auswählen und sich einen Ausschnitt malend erobern können.

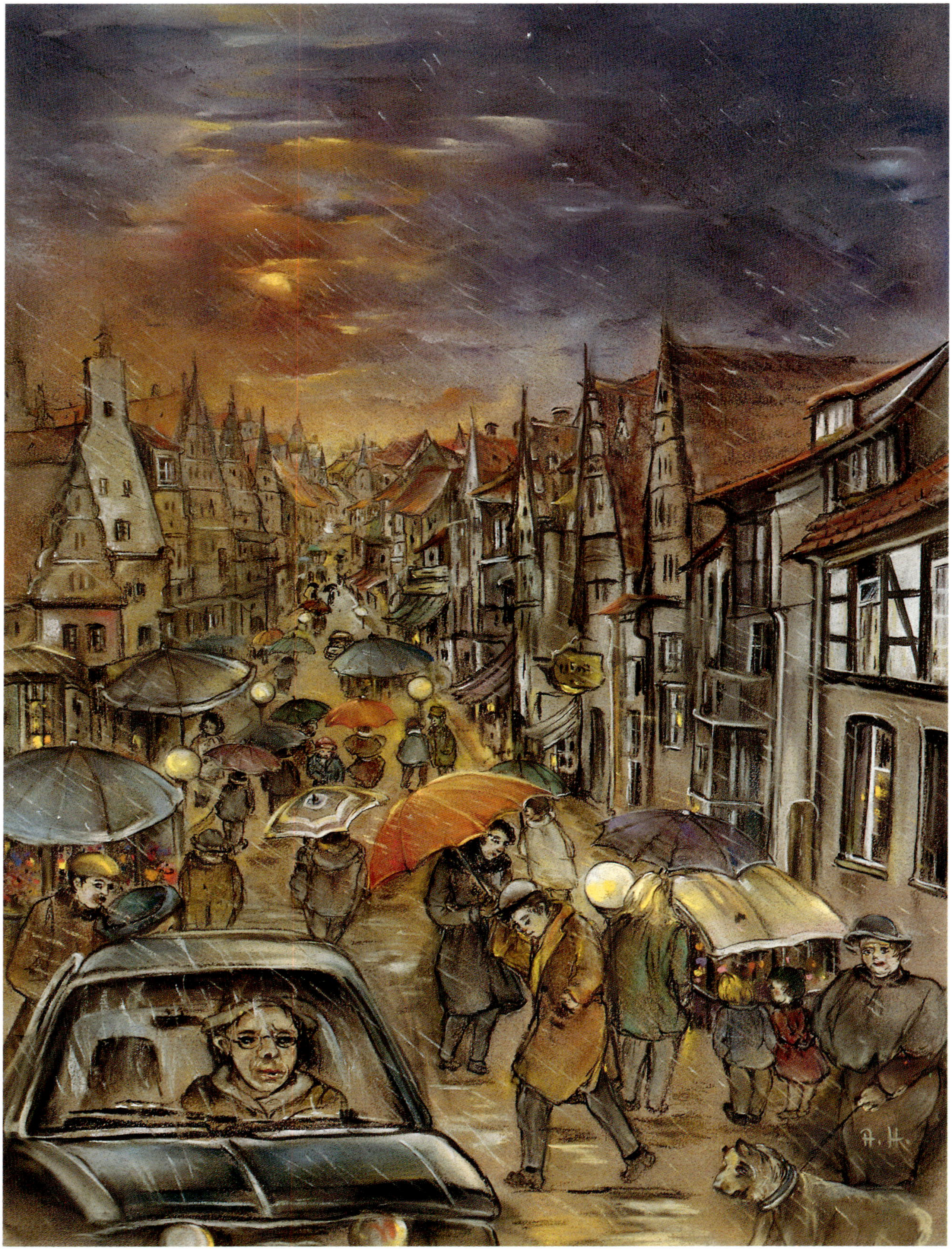

November

Stadt im Regen

Der Novembermonat mag vielen Menschen als eine Häufung von nassen und grauen Nebeltagen erscheinen. Dem aufmerksamen Auge des Malers bietet diese Jahreszeit jedoch eine Fülle von Motiven an. Das sinnliche Vergnügen beim Betrachten der Farbspiele eines Novemberhimmels über einer Stadtlandschaft kann durchaus den Wunsch aufkommen lassen, all diese vielfältigen Eindrücke in einem Bild zu bannen. Ein Regentag in einer Stadt wird ein ganz anderes Gesicht haben als auf dem Land. In den Aprilstudien zeigte ich Ihnen bereits die reizvolle Seite ländlichen Regenwetters. Hier betrachte ich das Treiben zwischen den Häusern von einem Fenster aus. Ich befestige ein dunkles Ingres-Papier auf meinem Zeichenbrett und lege alle verfügbaren Pastellstifte und Kreiden bereit. Es ist müßig, Ihnen beschreiben zu wollen, welche Farbnuancen notwendig sind, um diesen dichten Farbaufbau zu meistern. Sie haben auf dem Weg durch dieses Buch erfahren, wie differenziert die gleitenden Übergänge von Ton zu Ton in der Pastellmalerei sein können. Sie wissen, daß alle Regeln der persönlichen Ausdrucksweise eines Malers unterliegen.

Beginnen wir mit dem Bildaufbau: Zuerst überlege ich mir, wie groß der Himmelsausschnitt über den Dächern der Stadt zu sehen sein soll. Da das Leben auf der Straße und das dichte Gedränge der Häuser zu beiden Seiten den Tenor des Bildes bestimmen soll, halte ich etwa zwei Drittel der gesamten Fläche dafür frei, mit Farbstiften, die mir die den Horizont anzeigende Dachlandschaft anskizziert, ehe ich mit der Ausarbeitung des Firmamentes beginne. Weiche Kreiden in blauen Schattierungen mische ich in der Wischtechnik mit Grau und Violett, das ich stellenweise mit Schwarz vertiefe. Zum Lichtbereich hin helle ich diese Farbmischung auf, fixiere das halb verdeckte Rund der gelben Sonne, versetze das rote Wolkenspiel in ihrem Bereich mit Ockertönen, die ich in einem hellen Schein über den Dachzeilen auslaufen lasse. Den Regen, den der Wind in Schauern über Himmel und Stadt treibt, zeichne ich erst später mit weißen und grauen Schrägstrichen über das fertige Bild. Kompliziert mutet das architektonische Auf und Ab der Bauten zu beiden Seiten der Straße an, die sich im Vordergrund breit öffnet. Unter der vorher angezeichneten, weit zurückweichenden Dachlandschaft ordne ich in Umrissen die noch eben sichtbaren Häuser, die den perspektivischen Fluchtpunkt am Ende der Straße ausmachen und skizziere danach zu beiden Seiten der sich stets verbreiternden Straße die Giebel, Fronten und Dächer an, die ich natürlich Stück für Stück nach vorn malend, höher und breiter anlege und teilweise verdecke. Ich nehme niemals Kohle für eine solche Vorzeichnung, sondern arbeite von Anfang an mit Pastellstiften, damit ich die feinen Bauelemente bereits in der Zeichnung farbig bestimmen kann. Ich zeichne die Konturen möglichst zart, damit ich alle Veränderungen und Überlagerungen, die später notwendig sein können, ohne Schwierigkeiten darüber malen kann. Strich- und Wischtechnik gehen bei diesem Bild ständig ineinander über. Beobachten Sie genau, wie entlang der Fluchtlinien die beiden Häuserzeilen verlaufen. Achten Sie bei Ihrer Zeichnung darauf, daß alle senkrechten Linien auch wirklich senkrecht stehen, während der Verlauf der Fluchtlinien die waagerechte Zeichnung im baulichen Bereich bestimmt. In dieser Weise werden sich die Flächen zwischen den Linien der Fenster, Gesimse, Türen und Dachfirste zum Vordergrund hin ausweiten. Behalten Sie immer die Größenverhältnisse im Auge, damit das Wesentliche einer tief in die Stadt hineinreichenden Straßenflucht anschaulich wird. Gewisse Freiheiten beim malenden Aufbau sind möglich. Es soll ja keine penible Architekturzeichnung werden.

Eine „Stadt im Regen" ist das Thema dieses Bildes. Dazu gehören auch die Menschen, die sich unter Schirmen ducken und eilend oder verweilend das Farbkonzert von Himmel und Häusern bereichern. Angaben dazu,wie die Figuren zu malen sind, würde den Rahmen dieses Buches überschreiten. Am besten ist es, wenn Sie sich darin üben, so oft wie möglich kleine Bewegungsstudien zu zeichnen. Es ist selbstverständlich, daß Sie hier die Menschen in den Größenverhältnissen derart anordnen, daß sie dem perspektivischen Straßenverlauf folgen. Dieses Stadtbild soll für den November genügen. Freilich gibt es draußen auch in diesem Monat eine Fülle von Motiven.

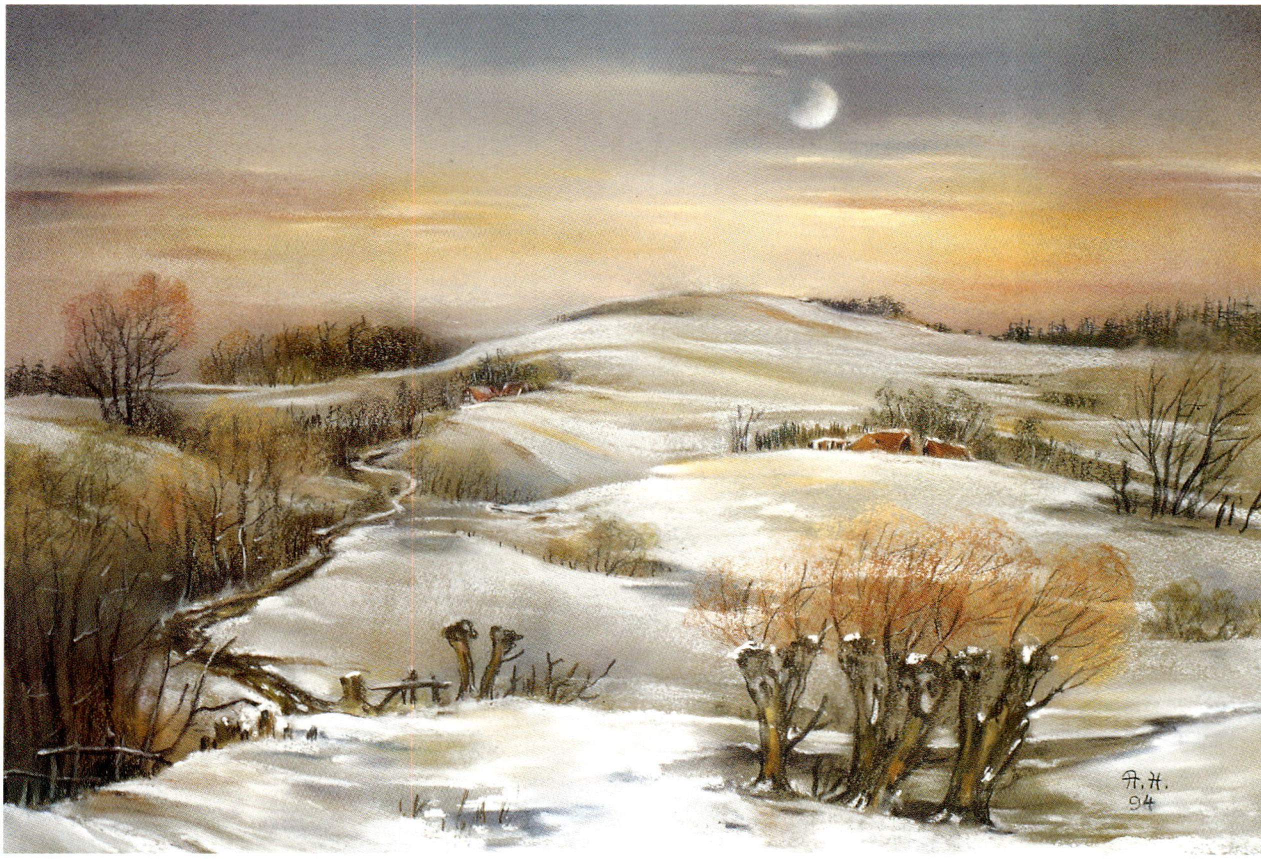

Dezember

Winter im Querental

Der Dezember leitet den Winter ein. Es kann ein Monat der Stille sein, wenn wir uns lösen aus dem Trubel der Städte. Abseits der belebten Straßen finden wir noch Oasen der winterlichen Ruhe. Nach einem Spaziergang entlang der erstmals beschneiten Felder entsteht dieses Bild. Die Nachmittagssonne ist bereits hinter der bewaldeten Höhe untergegangen und ein blasser Halbmond zeigt sich im fernen Blau des Himmels.
Am nächsten Morgen versuche ich den noch lebendigen Eindruck festzuhalten. Ich erinnere mich eines überaus zarten Himmels und male ihn stufig von blau-grauer Tönung im oberen Bereich bis zur gelb-rosigen Streifung, in die ich etwas Weiß mische, um den Übergang zu den beschneiten Feldern in sanften Stufen zu zeigen. Den leuchtenden Halbmond bette ich in das Tagesblau ein. Als Begrenzung der Hügellandschaft setze ich rechts und links am Horizont Waldzeilen mit einem Hauch von Schnee. Anschließend lege ich mit Kreidestrichen den Verlauf der Feldergruppen an. Das Schneeweiß der welligen Flächen bereichere ich mit den Farben des Himmels. Die Bögen in der Ferne lasse ich feingliedrig ineinanderfließen, zeichne sie näherkommend großflächiger und das Weiß der Wiesenflächen, die das Bild abschließen, kräftiger. Am deutlichsten muß der Schatten des kleinen Wasserlaufs gezeigt werden. Eine Weidengruppe säumt den Bach. Wege legen sich mir sanft zu Füßen, durchbrechen mit Heckenreihen das Ackerland, rote Dächer blitzen hinter Feldern auf. Ich male sie im Mittelteil deutlicher als in der oberen Senke, die Weite der Landschaft betonend. Nicht nur die Häusergruppen und Größenverhältnisse der Feldflächen zeigen diese Weite an, auch die Baumreihen des sich aufwärts schlängelnden Weges unterstützen die Landschaftsperspektive. Ich male sie von Parzelle zu Parzelle nach oben hin kleiner. Die Weiden tragen in den Zweigen noch ihren herbstlichen Schmuck, Schnee hat sich in den Nischen der Köpfe angesammelt. Hier nehme ich die Weidenstudien vom März wieder auf und bette sie ein in die schweigende Ruhe einer Winterlandschaft.

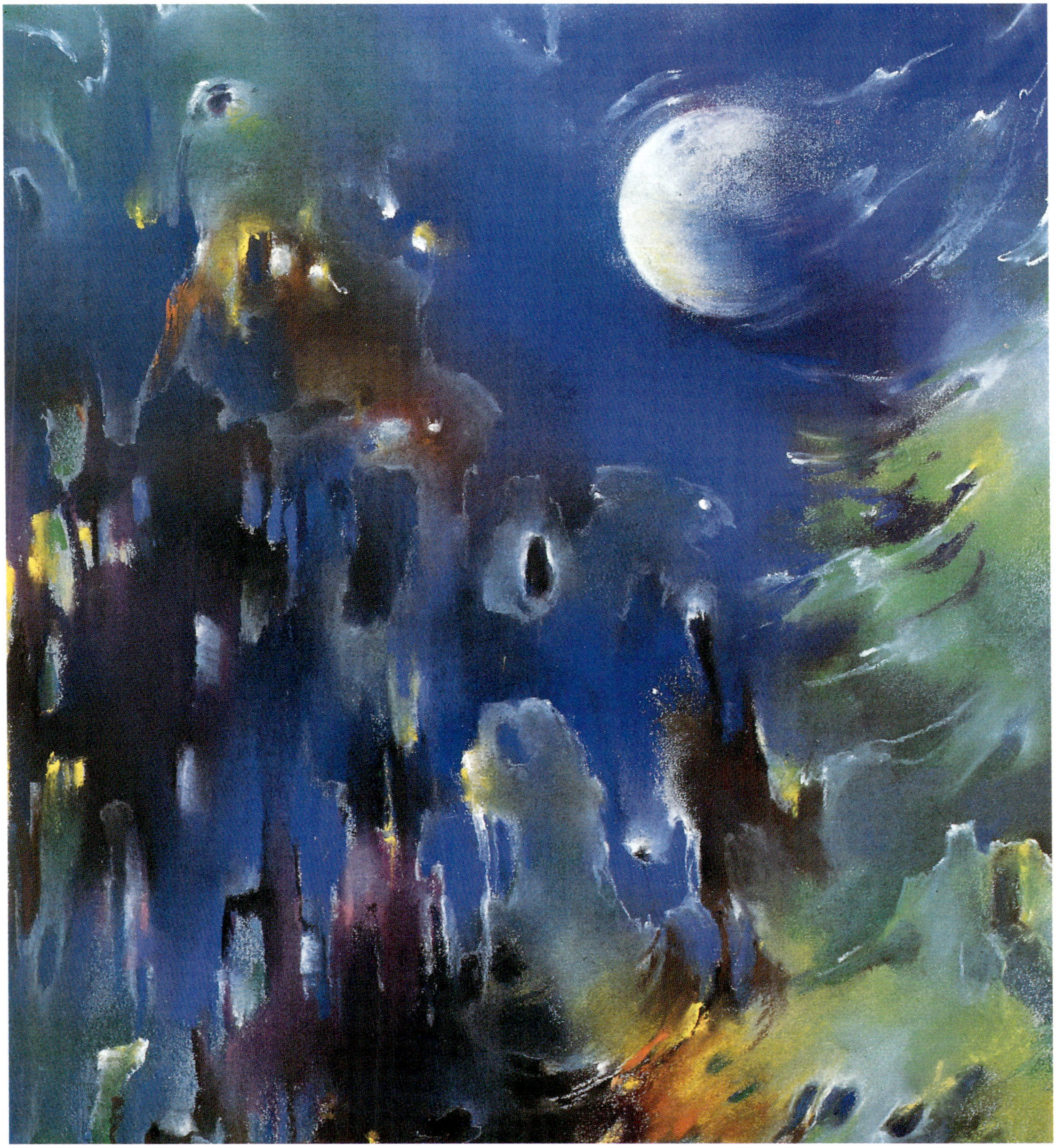

Winternacht

Für diese Studie male ich das Winternächtliche als Idee um den Mond, der von weißen Schleiern gehalten scheint. Sie setzen sich fort im Bewegungsablauf einer Tanne. Sturm wühlt Erdiges auf, Strukturen verlassener Ruinen haben einen eisigen Schimmer.

Es läßt sich lehrend kaum vermitteln, wie denn ein abstraktes Bild zu malen sei. Versuche in dieser Stilart werden immer eine ganz persönliche Färbung haben. Vielleicht versuchen Sie einmal solche Umsetzungsprozesse bei Ihren Malstudien und finden heraus, ob Sie sich darin bildhaft ausdrücken können.

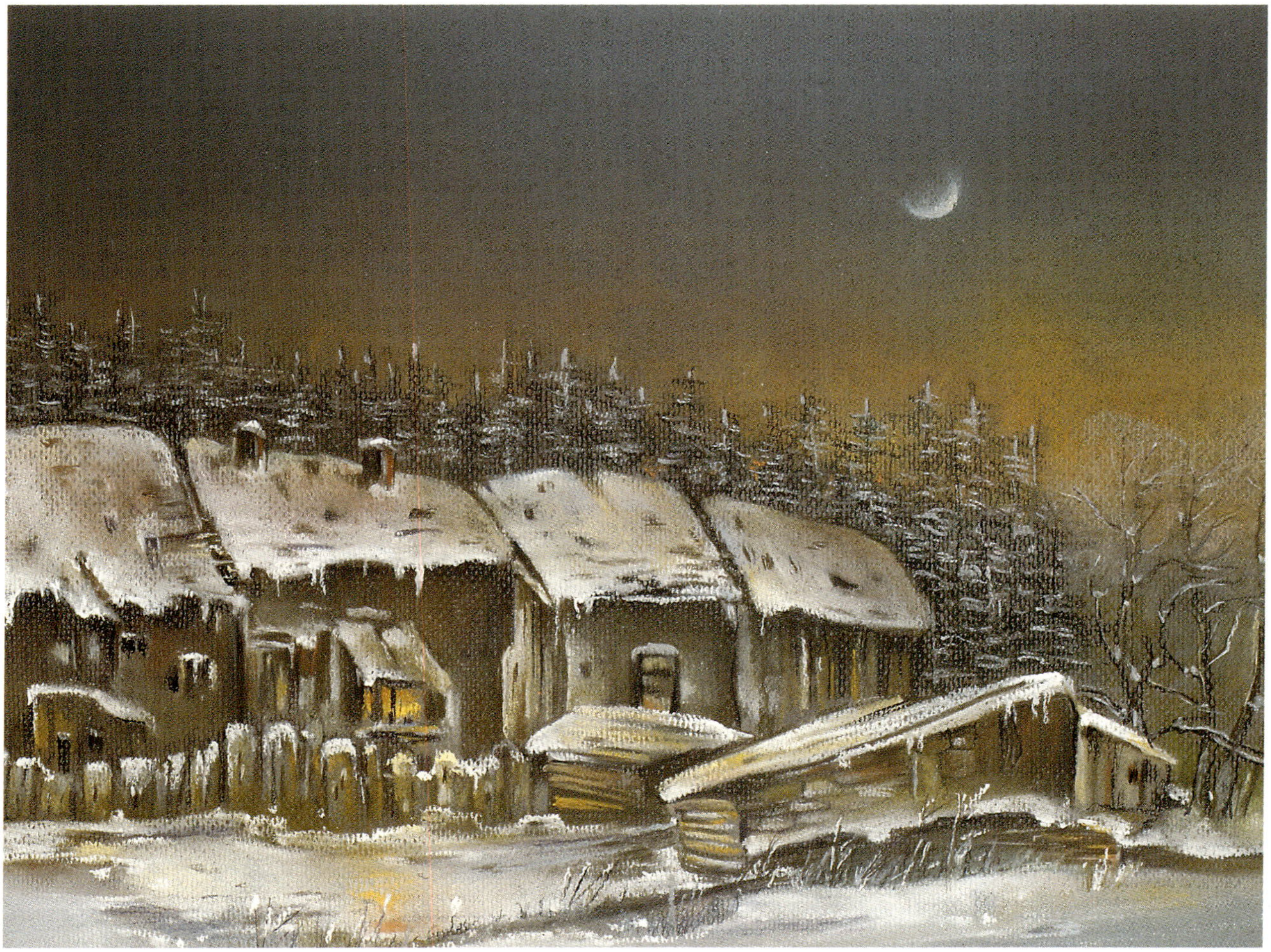

Hütten im Schnee

Wenn die Sonne die große Dunkelheit dieses Monats kaum zu durchdringen scheint, wächst die Sehnsucht nach dem Heimeligen.
Ich habe versucht, den Eindruck von Verlassenheit in diesem Pastell wiederzufinden. In meiner Vorstellung schafft Schneefall eine schweigsame Insel der Ruhe. In diesem Sinn male ich den Himmel im sanften Blau-Grau der hereinbrechenden Nacht. Den Abendschein hinter den Tannen erreiche ich durch das Verreiben von Grau und Gelb. In das Blau setze ich eine weiße Mondsichel als ein Zeichen abendlicher Stille. Der gelbe Schimmer erscheint abschwächend auf den Schneeflächen im Vordergrund. Das übrige Weiß dieser Flächen unterbreche ich durch froststarre Gräser und durchsetze es mit grauen Schattenstellen, um die Klangfarben des Himmels reflektieren zu lassen.
Auch die Dächer habe ich nicht in eintönigem Weiß gemalt. Lichtstellen beleben vielmehr die Schneefarbe und spielen um die Schadstellen der Bedachung. Die Hüttenwände und Zaunlatten zeige ich in warmen Oliv- und Ockertönen, einstimmend in die Schlichtheit dieser Szenerie.

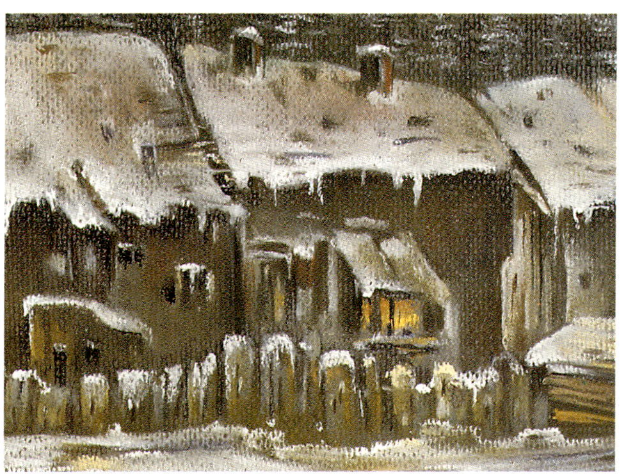